U0683713

何以生活

20位探索者的人文艺术独白

陈荟茵 著

人民邮电出版社

北京

图书在版编目（CIP）数据

何以生活：20位探索者的人文艺术独白 / 陈荟茵著.
北京：人民邮电出版社，2024. -- ISBN 978-7-115
-65640-7

Ⅰ. K820.7

中国国家版本馆 CIP 数据核字第 20248GV867 号

内 容 提 要

这是一本关于当代杰出探索者的精彩故事集。书中介绍的20位探索者来自自然、人文、艺术、生活等不同行业或领域，他们拥有曲折或传奇的人生，却始终追求着自己热爱的事业，在变动的社会中保持着独立思考，在复杂的世界中寻求本真与宁静。通过作者对他们每个人的深入访谈，本书不仅呈现出一幅当代生活探索者的多样画像，同时也见证了一个时代的人文精神风貌。

希望本书能够为读者提供灵感和启示，让读者找到属于自己的热爱与追求。

◆ 著　　　　陈荟茵
　 责任编辑　王　汀
　 责任印制　周昇亮
◆ 人民邮电出版社出版发行　　北京市丰台区成寿寺路 11 号
　 邮编　100164　电子邮件　315@ptpress.com.cn
　 网址　https://www.ptpress.com.cn
　 北京启航东方印刷有限公司印刷
◆ 开本：889×1194　1/32
　 印张：10.5　　　　　　　2024 年 12 月第 1 版
　 字数：406 千字　　　　　2024 年 12 月北京第 1 次印刷

定价：89.00 元

读者服务热线：(010)81055296　印装质量热线：(010)81055316
反盗版热线：(010)81055315
广告经营许可证：京东市监广登字 20170147 号

感谢淄博华侨城

为本书出版提供的大力支持

凡事认真，勇猛精进。

——李叔同

你必须得一个人和日月星辰对话，和江河湖海晤谈，和每一棵树握手，和每一株草耳鬓厮磨。你才能顿悟宇宙之大、生命之微、时间之贵、死亡之近。

——毕淑敏

我步入丛林，因为我希望生活得有意义，我希望活得深刻，以免当我生命终结，发现自己从没有活过。

——梭罗

艺术是生活的镜子。

——托尔斯泰

纵浪大化中，不喜亦不惧。应尽便须尽，无复独多虑。

——陶渊明

尽己所能，是美好生活方式的全部哲学。

——德拉克洛瓦

自序

纵浪大化中 咔啄同机

科技和经济的高速发展带来人们物质生活水平的不断提高，也提出一系列新的问题与挑战：人们在丰富的物质生活中感到迷茫，对事物的诠释往往陷入过度与失真，无用之物泛滥与资源浪费日益凸显……身处这样一个变动不居的社会，面对日常司空见惯的事物，人们许久未考虑过我们该如何独立思考？何以定义自己？怎样生活下去？

"星星之火，可以燎原"，即使再微小的力量也能引发巨大的变革。秉承这一信念，源点生活家在过去 7 年的时间里，以人物访谈为路径，采访了超过百位不同职业领域与社会角色的探索者，他们是建筑设计师、艺术家、旅行者、导演、纪录片摄影师、收藏家、音乐家……本书精选出 20 位与自然、人文、艺术、生活相关的被采访者，他们坚定选择自己热爱的事业，在生活中认真地"劳作"着。他们的作品不仅仅表现了现实生活，而且通过创造性地塑造现实，呈现出一种新的可能性，从而揭示出真理的本质。这些作品犹如一面面镜子，不仅映照出每个人独特的思考，更勾勒出当代人文生活的演变轨迹，成为见证一个时代精神风貌的珍贵文献。

从存在主义哲学出发，如果一切观念和思想的获得都不可避免地根植于人的主观视角，那么，深入探讨并关注人的思维、生存处境、生活方式及其意义就显得尤为重要。否则，我们就不可能触及并理解这个充满未知和复杂性的世界。用"他者"的眼光来审视自己的生活方式，不仅是一种对于生活的反馈，也是一种对于生命深层存在原因的探求与印证。在与这 20 位被采访者的沟通、对话中，我们发现"回归自然""保持热爱""独立思考""尽己所能"这 4 个关键词给予了他们精神世界和日常生活许多灵感、勇气和力量，使他们在面对人生诸多困惑时，轻松进行解答。

老子说："人法地，地法天，天法道，道法自然。"王羲之说："仰观宇宙之大，俯察品类之盛，所以游目骋怀，足以极视听之娱，信可乐也。"人与自然自古以来就是息息相关的。在原始社会，人类依赖自然而生，敬畏自然的力量。从本质上来说，其实我们不是"活在自然中"，而是"自然让我们活着"。"唯土地与日月同在"提醒我们，在人生的旅途中，无论经历了多少变迁，最终都要回归本真的自我。艺术家冯放的绘画与雕塑创作始终关注鸟类自然保护的主题，并且他长期资助鸟类保护公益视频拍摄；当代艺术家姜淼喜欢研习传统文化，以自然为师，通过绘画创作过程，不断向内发问，探秘生命的真相；啸者三强自幼喜唱擅啸，忠于效仿自然音声，他长期隐居大自然中，专注啸乐创作和当代表达；中国传统插花研修者吴永刚体悟人与自然的能量融合，应变与天地之间，和合于万象之中，让传统艺术的美回归生活本初；在作家师永刚看来，"死亡给了我一个最好的教育：如何更好地去认识自己的身体？用怎样的思维去重新看待人、自然、社会？这像是一个文学问题，也像一个终极的哲学问题……"

"没有油画、雕塑、音乐、诗歌以及各种自然美所引起的情感，人生的乐趣会失掉一半。"保持热爱，是享受兴趣、追逐理想的一种美好生活体验，也是抵抗虚无、了解生命真谛的真实途径。从策展人到艺术家，从学院派艺术教授到艺术创新实践者，张子康每一次身份的跨界，都使他对艺术与生活、城市、国家之间的生态连接的理解更为深刻和广阔。如今从行政岗位退休的他，还坚持策展和画画。"可能是性格使然，我对于我所热爱的工作中的每一件事，都会尽最大的努力，达到完美。"当下，多媒体艺术和 AI 艺术发展迅猛，艺术家吕山川和王晓勃却仍然对架上绘画情有独钟，常常独自在画室创作至深夜，不知疲倦。艺术家何汶玦喜欢和自己较劲，期待自己在艺术创作中那 1% 的突破。"我平时没事的时候，一个人会坐在工作室水池旁边思考很久，然后再付诸行动，内心会特别踏实和平静。"

生活令人无法忍受并不是因为环境，而是因为缺乏意义和目的。对"生活的意义"进行真正的救赎，首先要拥有独立思考的能力。当一个人拥有独立的思维时，会找到自己的生命意图，找到自己内在的动力，会发现人类既不渺小、也不伟大；会在面对生活日常时，不极端、不狭隘、不封闭、不疯狂、不随波逐流。陈文令作为国内著名雕塑艺术家，以"小红人"系列雕塑名扬国内外。2021年，他在福建泉州用了一万多吨的大小石头，建了一个两万多平方米的公园。这个公园不仅丰富了他母亲和村里其他老人的养老生活，更是以具有在地性的创作方式在乡村堆起一个充满乡间野趣的独特空间，这个空间被称为"一个永不落幕的大地艺术展，一个自由的田园艺术乌托邦"。他说："人世间是没有垃圾的，放错地方才是垃圾，放对地方就是艺术品。其实人也是这样，要相信天生我材必有用。生活真正的救赎，是在苦难和欢乐之中依旧能找到生的力量和希望。"当众多建筑设计师都热衷城市建筑，以此更快实现财富累积时，建筑设计师王灏却将作品聚焦乡村，致力于传统营造文化的复兴，在现代建筑的形式与传统工艺的技法之间，创造出了一种富于张力和差异性的空间体验。在他看来，艺术倘若高高在上，只会失去创造的活力，只有"俯下身来"回到人们日常，才能唤醒蕴含在其中的、真正符合中国人心性的美好灵魂。

"并非遂己所愿，而是尽己所能。"即使是看似微小的行动，也可以积累成改变生活的力量。真正的快乐和满足来自自我实现和内心的平和。水墨艺术家徐洁从事书法40多年，坚持以墨写心，修养自我。"人生本身就是一场行走的艺术。在行走的过程中抒写着属于自己的草书。"人文地理摄影师蔡石每年有约300天行走在旅途中，行程达25万公里，拍摄图片共30万张。为了记录这些极限之境的人文地理影像，他把自己练成了登山、攀岩、徒步、潜水、越野等无所不能的摄影界"蔡超人"。"只有在暴风吹得眼睛都无法睁开，雪粒打在脸上已慢慢感觉不到疼痛时仍有前行的勇气与力量，方能享受登顶时那天堂般的黎明，领略只属于千万分之一的山野荣耀……"从企业家转型做收藏家的关东元，长期坚持学习和研究收藏之道。"我不是一拍脑袋就去做收藏的。到今天我一直觉得，任何好事情，不会天上掉馅饼，一定要经过自己的努力付出。而人的一生中吃苦是逃不掉的，你年轻不吃苦，老的时候就要吃苦，不要有侥幸心理。但是我努力奋斗的结果不是只为了吃苦，而是为了享受生活。人的思维方式和视野会影响人的一生。"

《碧岩录》中有"啐啄之机"的概念，一颗鸡蛋在即将孵出小鸡时，一般小鸡会以嘴吮卵壳，称为"啐"；而母鸡欲使小鸡出壳而吃壳，谓之"啄"。母鸡和小鸡必须要同时在壳外和壳内啄碎，以内外合力达成"啐啄之机"，才能育出新生。从文化角度来看，从文化觉醒到文化创新也需要有自内而外和自外而内的相互支撑。回到日常的生活中，这"一啐一啄"寓意着我们的个人成长在某种程度上也是一个破壳而出的过程。我们所面对的环境、遇见的每个人都可能激发我们成长，形成属于自我智慧提升的"啐啄之机"。这与德国哲学家海德格尔"真理还有一种生成方式，那就是思想者的追问"有着异曲同工之妙。本书为每一位喜欢思考、热爱生活的人提供一缕线索、一个媒介、一条路径、一种方式。相信对话会触发对话，思想会开启思想。他者即一面镜子，镜中有天地自然，亦有你与我。本书是一个开始，源点生活家将会从此出发，继续寻找"生活探索者"，在发现真理的林中之路上，我们将恒心精进。

再次感谢 20 位被采访者的真实陈述，感谢他们真诚付出时间与源点生活家进行对话和思想的碰撞，并提供精美图片。感谢人民邮电出版社副总经理陈昇的专业指导，感谢编辑王汀的建议和努力。感谢王永辉老师的友情支持，感谢淄博华侨城的帮助和支持，感谢每一位为此书献出奇思妙想的朋友。

人生是一个不断追问和寻找的过程。慢慢地我们会发现，走过时间的长河，我们最好的老师其实是自己，因为每个人都本性具足。然而这个道理，唯有在人生旅途中不断前行，才能深刻体验和印证，并且愈加清晰。故放弃向他人证明自己，也放弃自己证明自己，专注忘我、脚踏实地做应该做的事情，走应该走的路，你将收获轻松与自由。自然界的一切皆有忽明忽暗的逻辑，心怀敬畏，正心、正念、正行，我们皆有能力以健康的身心安居于美妙的精神家园。祝福每一位纯真善良的人都快乐、幸福、梦想成真！

源点生活家创办人 陈荟茵

2024 年 7 月 16 日

序

PREFACE

何以为山
山是翠峦之巅 云海翻腾
山是寂静 敛与藏
山是淄博的底色

山居是什么
虫鸣声 泉水声 雨声 风声 雪落声 心声
山野花香 草木香 泥土香 书墨香
独与天地精神相通
居于山 见仕与隐

四季图景流转于城市绿心
山湖相交 进退自如
晨曦微露 光影斑驳间
石与木 玻璃与瓦
每天演绎在家的自然艺术

廊腰缦回 曲径通幽处
每一步踏着人文的韵脚
绿植轻拂 似画笔写意
方寸之间 心静境自宽
每一个人心中都有一座远山
去聆听 去翻越 去经历
潜入山居好时光

淄博华侨城欢乐山川

目录

CONTENTS

第一篇章

让我们面对现实·让我们忠于理想

未经审视的人生不值得度过。

——苏格拉底

ZHANG ZIKANG

张子康

张子康

艺无边界 时代至美

策展人 · 当代艺术家 · 美术馆馆长

—

张子康，艺术家、策展人、中央美术学院教授，博士生导师。曾任中央美术学院美术馆馆长、中国美术馆副馆长、新疆维吾尔自治区文化厅副厅长、新疆画院院长、文化艺术出版社社长、中国艺术研究院中国当代艺术院副院长、国家画院信息研究中心主任、今日美术馆馆长、《东方艺术》《今日美术》《美术馆》杂志主编，兼任中国美术家协会理事，中国美术家协会实验艺术委员会副主任，全国博物馆协会美术馆专业委员会副主任等社会职务。主持策划、编辑出版各类文学、艺术图书千余册，多次荣获国家级图书奖项；著有《美术馆》（合著）、《文化造城》（合著）、《跨界生存》（专著）、《艺术博物馆》（合著）、《张子康》油画作品集、《张子康——疆域》影像作品集等，发表百余篇艺术理论相关文章；创作的绘画作品多次参加国内外重要学术展览。策划众多在国内外颇具影响力的大型艺术展览，如"马克·夏加尔"中国首展、"雷安德罗·埃利希——太虚之境"、"安尼施·卡普尔"、"悲鸿生命——徐悲鸿艺术大展"、"超越"西海美术馆开馆大展、第 59 届威尼斯双年展中国国家馆主题展、"与物的对话"塔比埃斯个展等。

张子康策划的"演化-公共的未来"展览现场

编者按

由于张子康馆长平常公务繁忙，他的时间安排紧凑，2023年6月的一个下午，我在中央美术学院美术馆办公室见到了他，他刚刚出差回来，感冒流鼻涕，办公桌上还放着助理刚买的药。而我突然干咳不止，两个人在身体极度透支中艰难地完成了这次对话。中途由于我干咳得厉害，眼泪控制不住地打湿了眼眶，场面有点尴尬。张子康馆长忍着身体的病痛，还是很有耐心、很认真地回答了所有问题。临走他送我了几本书，其中《策展学丛》这本书在专业策展知识方面使我受益匪浅。初稿出来，请他确认一些细节，他都非常细心地一个字一个字修改。这种严谨的作风，贯穿在他工作中的方方面面。

张子康的学识驰名中外，却能把深奥专业的艺术理念解释得深入浅出。他精于学术但不囿于其中，而能将艺术融于生活。从出版社艺术主编到美术馆馆长，从策展人到艺术家，从教授到艺术创新实践者，他的履历在中国很难找到第二人。每一次跨界，让张子康对艺术与生活、城市、国家之间的生态连接的理解更为深刻与丰富。他步履不止，站在全球命运共同体的角度，不断研究不同可能性的艺术内容和艺术形式，发掘艺术之于人的终极意义；他为时代探索艺术的边界并且活跃于国际舞台，为全球艺术文化交流、中国文化的海外传播贡献着力量。"可能是性格使然，我对于我所热爱的工作中的每一件事，都会尽最大的努力达到完美。"在张子康看来，艺术在某种程度上就是代表创造性，就是创新，如果艺术不能创新，就没有生命力；在艺术创作中不能创新，艺术家就没有生命力。

《楼兰》系列之《无端》

《楼兰》系列之《繁境》

《诞生》

如今张子康已经从行政岗位退休，留给艺术创作的时间越来越多。虽然他又被邀请去廊坊新绎美术馆做馆长，但在时间充裕的状态下，他都会去画画。"我原来在今日美术馆的时候说过，我只要做馆长就不会在美术馆做展览。现在退休了，也不会去我原来熟悉的美术馆做展览。全国的美术馆我都很熟悉，但我不想去占用资源，只想留给画画的时间多一些。"

《幻城》

2024 年 3 月 9 日，"自由虚空——张子康作品展"在美克洞学馆开展，著名文化学者王鲁湘担任策展人，他在展览上说道："张子康的画无法归类为抽象或是具象，他好像也在自觉规避这样的归类。他对具象总做抽象解构，又对抽象做具象集成，他的每幅画都在反复做着这样的转化。因此，他的画恰似某种心理学认知实验，你愿意往具象看，确实能看到风景、人物和静物，但如果你愿意往抽象看，你看到的就是一些飞舞的点线和墨块，它们抟不成一个稳定的形与象，它们在虚空中无着无落，却又自由自在。这也是一种量子思维，它们的存在和意义，需要被关注才能实现。即使被关注了，依然会测不准——不要紧，这就是虚空粉碎后的活泼，宇宙无时无刻不在这样方生方死，成住坏空。或许，在智者眼里，世界就是这样的，存在就是这样的……"

ZHANG ZIKANG
被采访人张子康自述

美术馆馆长张子康 | 艺术话语权的文化自觉

一个美术馆的专业化建设很重要，如果美术馆没有清晰的学术定位就会失去自我，可能和文化馆、画廊等其他艺术机构、商业机构的功能趋同。

作为出生于 20 世纪 60 年代的人，伴随时代洪流，我毕业后被分配到体制内工作。幸运的是，这么多年我的工作和我喜欢做的事情是一致的。从河北教育出版社的编辑、杂志主编，到文化艺术出版社的社长……关于出版的工作实践是我人生最重要的经历，这段时期使我学习到了更为丰富的艺术知识，拓展了我的艺术视野。后来我在 2004 年兼任今日美术馆馆长，2014 年任中国美术馆副馆长，再到现在任中央美术学院美术馆馆长。对于我来说，不同的工作身份意味着承担相应的责任。从事物本质来说，社会身份的转变、跨学科的学习造就了知识结构的形成。无论做什么专业，都需要跨学科思维，这和当下大数据发展趋势有着密切关系。数据、网络、科技已经是我们日常互动与思考的一部分，并且现在的独立思考和过去的独立思考已经不一样了，现在的"真实"和过去理解的"真实"的概念也不一样了。

由于热爱艺术，最初学的又是绘画专业，我总会抓住一切机会去国外参观，研究博物馆艺术。那时国内的博物馆正处于发展起步阶段，同时考虑到美术馆可以拓展我做艺术图书的出版理念，我在2004年受邀以兼职身份出任今日美术馆馆长。当时民营美术馆的生存面临诸多挑战，尚未形成整体的社会生态和健全的架构。在国内外做了很多市场调研后，我通过运营今日美术馆，创建了国内首个民营非营利美术馆的体系架构和运营模式，成为行业的一个参考标准。现在来看，那段时期的工作成果在某种程度上推动了中国民营美术馆的发展。

由于美术馆和博物馆都是舶来词，当时国内对这两个词的翻译、理解以及美术馆发展路径的定位是存在错位的，这些错位会给人们带来认知上的一些干扰。

2024年张子康策展"一刻·出入——宋冬、尹秀珍双个展"展览现场

中国的美术馆最初的定位类似于国外的艺术博物馆体系中的现代艺术博物馆。艺术博物馆之所以在近年来占据比较重要的位置，是因为社会发展对艺术的需要更为迫切一些。另外，一个美术馆的专业化建设很重要，如果美术馆没有清晰的学术定位就会失去自我，可能和文化馆、画廊等其他艺术机构、商业机构的功能趋同。在我看来，美术馆是一个兼具服务职责的学术平台。美术馆有四大功能——学术研究、教育学习、收藏、展览展示。美术馆在不同发展时期对不同功能的侧重会有所不同，但是这四个功能一直是基础。

与其他馆长交流的时候，我问他们想做什么样的美术馆、什么样的展览、什么样的收藏。不论来自哪个城市，致力于建设哪种类型的美术馆，大家的回答都是想做最好的美术馆、最好的展览和最好的收藏。但这个"好"字，究竟要怎样理解呢？我想更多的时候，"好"是建立在评判者个人的审美经验和认知上的。比如，一个从未见到过毕加索、齐白石真迹的人，对艺术家的艺术创作能否做出合理的评判？在没有知识积累、没有相应的经验框架的前提下，就进入博物馆直面作品的人可能无法作出系统、客观的评价。在这种背景下很难更好地承担起美术馆对于社会公众和文化艺术的责任。大家都想要建造最好的美术馆，也都在为此持续努力着，这个愿望和想法是非常好的，也是我们博物馆人要永远坚守的。但很多时候，这个"好"并不能完全地、普世性地、客观性地成立。这是非常令人遗憾的一个现象。所以说，我们对价值的共同认知有待进一步建构。

我们怎么去理解这样的价值认同？如何尊重艺术的专业性？如何重新认知传统艺术？如何推动现当代美术馆的建设？在中国这是一系列学术认知问题，而这种学术认知的建立恰恰是我们缺失的。如果博物馆推动的学术对未来社会没有价值，那就是浪费国家资源，辜负社会公众的信任，我觉得这是最值得我们思考的问题。从我经历的3种形态的美术馆来看这个问题，从民营非营利美术馆到国有美术馆，再到中央美术学院美术馆这样的学术型美术馆，这些美术馆虽然类型和自身定位不尽相同，但都需要我们不断增强美术馆的文化自觉。

第 59 届威尼斯双年展中国馆展场王郁洋作品

策展人张子康 | 和而不同 让艺术回答时间

在我看来，一个好的策展人对策展的方向要有专业的认知，他不仅要懂得空间呈现，还要懂得观众互动，懂得策展对象的特点，懂得协同合作，并且拥有整合专业资源的能力。

近些年来，艺术家的创作更加多元，作品往往打破艺术门类的界限、材料的界限，与科技进行结合，这些变化都不断地推动艺术的发展和我们对艺术的认知。所以，我认为，在这个时期，基于对多学科、多维度知识的认知，可能会出现更有创新创造的策展人。

作为拥有百余年历史的重要国际艺术展览，每一届威尼斯双年展都体现了当代艺术的前沿动态，预示着艺术的未来发展方向。2022年第59届威尼斯国际艺术双年展上，中国馆"元境（Meta-Scape）"

王郁洋《雪人》

由我领衔策展，孙冬冬为助理策展人，邀请刘佳玉、王郁洋、徐累3位艺术家和"AT"小组进行创作。我们之所以将中国馆的展览主题定为"元境（Meta-Scape）"，是希望通过不断比对知识谱系，打通古今中外的界限，以展现出人类共同的未来世界的可能性。

受到以"诗"为代表的中国文艺传统中"境"的启发，从疆境、边境，逐渐延伸到人的心灵感知所能达到的精神界域，衍生出"趣境""意境""化境""有我之境""无我之境"等美学概念。这些概念旨在"达到超乎现世的境界，获得高于道德价值的生命价值"。而"元境"中的"元"，在中国传统文化中代表着初始、开始，同时也有"无限"的含义。与"元宇宙"所指代的虚拟现实不同，"元境"更加强调文化的融合与创造。正是通过艺术家们游走在历史与幻想世界之间的创作，我们试图打通古今和中外的界限，穿越时间和空间的壁垒，串联起新的关系，去展望未来。

中国文化有自己的特点，同时也具有包容性，整体来看与国际文化具有共通性，各美其美，美美与共。这也是如今的时代特点。中国传统文化的影响是流淌在每个人血液之中的。现在，怎么去认知我们的传统，并使其与当下发生关系，然后形成自己的思考来贡献给世界，这更具实践意义。

在我看来，真正的国际策展人需要对全球艺术的发展具有敏感性。在全球化时代，艺术家的知识结构和信息来源属于全球范畴，因此在创作中会减弱地域文化属性。这种变化并不涉及好坏，而是在特殊环境和文化发展中自然发生的现象。然而，过度强调国际化也可能削弱艺术与文化的关联性。要理解一件艺术作品，通常需要从文化的角度进行解读，比如中世纪或文艺复兴时期的宗教题材作品。

事实上，当代艺术中出现了很多交融现象。过去的认知与当下的认知交织在一起，造成了视觉上的错位，启发了对艺术的多元视角和思考。因此，不仅是艺术创作，策展也进入了一个多元化的时代。

此外，当代艺术策展人的主要价值和社会贡献在于提出问题，引发思考，推动认知。近年来，社会和科技的迅速发展颠覆了我们过去的认知，艺术也随之产生了很多变化。因此，通过策展提出问题、推动认知并建立新的知识系统变得格外重要。当前是一个跨学科的多元时代，所以独立策展人如果没有多元化的视角，就容易产生单一性的思考，可能会淡化对艺术的理解。

徐累《Correspondances》

教授张子康｜多元文化下的"新当代"

中国当代艺术出现了前卫艺术、先锋艺术、实验艺术、科技艺术等多种尝试。中国文化艺术与世界格局的交融，既为我们讨论"新当代"提供了机遇，同时也为厘清什么是"新当代"带来了难度。即便如此，对"新当代"的探讨仍不失为一种关于当今艺术变革方向的讨论。

在新时代背景下成长起来的青年艺术家们，面对全球化浪潮，被多元文化的共生激发出对于自身文化的自觉，进而建构起对中华优秀传统文化的自信心与复兴中华文化的使命感，这使他们成长为更加自信、独立、自主、自觉的智识一代。他们对长期占据主导地位的欧美艺术会更为理性地看待，对世界其他文明呈现出更包容的心态和人文主义关怀。

在新的文化背景下成长起来的青年艺术家，其艺术创作体现出更多的主动性。他们对创作主题的觉察与对多领域交叉议题的关注，超越了对西方与东方、现代与传统等诸多二元对立关系的争辩，从而真正能够在文化多元的思想框架下，以更为开放的方式探索艺术当代性的议题。这些青年艺术家提出的问题是冷峻、理性的，同时又不失人文主义的温度；新一代的艺术探索脱离了形式主义的虚空，艺术被他们的所见、所感、所思、所想有力地支撑起来。我们看到今天青年一代艺术家们的艺术创作，既有对现代化进程中的诸多问题的内省，又不乏对未来的启发推动，从而建构起了当代艺术新的架构。他们的艺术创作是当代的，是当下的，不同程度预示着未来。

2023 年张子康在美克洞学馆策展的"生生不息"艺术展展览现场

关注"新当代"的产生,我们有必要先去了解年轻一代艺术家所生活的当今世界,以及这一土壤中生长出的新艺术现象。青年一代艺术家的艺术创作层次的丰富性,来源于他们的兴趣及其关注话题的广泛性。互联网与科技进步为年轻艺术家们带来了广阔的视野与更富有创新的思维。在庞杂信息流的刺激下,他们对于时代的脉动是极其敏感的。他们的作品中呈现出的对热点事件、历史碎片、游戏元素的捕捉和反馈,构建起多维、立体的艺术观念与探讨方式,强化了新的时代艺术表达的阐述性、解读性与参与性。从另一个角度来看,虚拟的"线上"生活,令他们与有机的现实世界保持了一定距离,由此所构造的具有疏离感的空间,为这些艺术家们保留了发挥个性的天地。这层现实与虚拟之间的"神秘性",为今天的"互联网原住民"创造出了连接个人经验、知识再生产和智识建立的空间。

青年一代艺术家的艺术创作,仍是基于现实的。只是对现实的定义,在这一时代的青年艺术家创造性的回应中,已然转化为多重交叠的现实。这些深刻质疑"凡外来必优于本土""凡众者必然芜俚"的新一代青年艺术家们,在和而不同中持续发现、挖掘并创造具有新时代烙印的新文化价值,这是新生一代的青年艺术家们成长所见世界的体感投射。他们带着对既往乃至当下艺术现象所保持的批判性姿态,加入对当下时代社会现实的思考与回应;这既是艺术学意义上的,也是社会学意义上的"新当代"。

中央美术学院科技艺术研究院与清华大学脑与智能实验室集体项目《丛林》

艺术家张子康｜艺术代表创新与生命力

作为一个从事文化工作的人，绘画是我业余时间的一种生活方式。如果从对一个人的完善来讲，我觉得绘画是在补足自身的完整性。就像人有紧张工作的状态，也需要放松和休息，我是把它放在这样一种关系里来看待。

《秋雨》

《游物》

《迷窟》

张子康在绘画创作中

我的艺术创作大多和我的工作有关。我一般会在工作期间抽空做一些创作，作品比较零散。但是这样训练我一种能力——大量看作品而后反复思考，视觉收集后会形成的一种记忆沉淀，这是一种靠记忆灵感带来的艺术创作思路。我觉得，艺术在某种程度上就代表创造性，也是创新。艺术不能创新，就没有生命力。作品不能创新，艺术家就没有生命力。我认为绘画是认识世界的一个过程，艺术最主要的功能就是给大家带来创新，因为它没有一个固定的标准。

我的艺术作品多以自然和生命为题，不局限于呈现自然的表象，而是勾勒生命的脉络和超然物外的一种心境，是将外部世界的形态与变化镌刻于心，进行不断的分解与重构。我的艺术实践没有被统一的流派所影响，而是使几种不同的表现思想进行交叠，在不同材质的运用中努力探索自己的道路，游走于是与非之间，东方与西方之间，古风水墨与西式油彩之间，传统与创新之间，具象与抽象之间，观念与形式之间……

《心行》

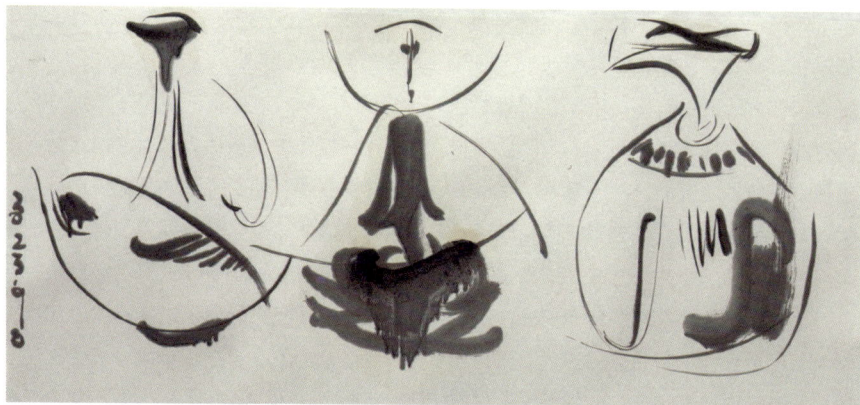

《幽释》

张子康水墨作品

譬如有人经常会问我，水墨和油画二者的区别是什么？在我看来，用一些传统的水墨方式表现某种想法的时候，离自己的想象还是有较远距离的。对于艺术，我觉得不应该过窄地界定它，未来的道路应该是越来越宽。艺术有各种方式，如果看完全世界大师的艺术，就会发现他们在方法上无所不用其极。无论油画，还是水墨，我都是要找到自己能够连接的东西。水墨是我的知识积累，对线的兴趣让我找到一种特有的表达方式，如果让我彻底改掉可能很难，但我也试图在探索新的方式，不断地去学习新的语言。

在探索过程中，从我心理上来说油画与水墨没有界限，我用哪一种画法创作都行。如果水墨表达不了，我会用油彩，甚至还用喷涂。在编辑出版《世界名画全集》的过程中，我已经打消了把自己局限在某种创作手法的念头了。我觉得没必要给自己设置一个边界，我并不是想当一名油画家或装置艺术家。艺术其实是自我的一种认知，是一种去认知的过程。

生活家张子康｜对美充满主动性

艺术在我的生活中占了很大的比重，因为我从事相关工作，每天想的问题都与它有关。我觉得对于大众来说，生活和艺术是相互连接的，虽然关联程度上每一个人都会有差异，但是我觉得有一个共同的点：只要有一个好的外部环境，人们肯定还是能对这种关联有所感知的。

在生活中发现艺术之美有两种视角：一种是艺术家视角，艺术家会发现生活与自身知识结构能形成审美上的连接，这种连接可能与艺术家思考的问题和创作有关系；另一种是大众的视角，对大众来说，他们的发现与艺术家不太一样，他们可能更多地感到新的视觉美感带来的吸引力，这会构成对生活的新认知。

每个人的知识与经验都不一样。有的人从事科学，可能对他来说，艺术代表了创造力，能推动其自身的创新发展。人文领域的观众，会从文化的视角去思考，往往带有自身文化传统或者美学上的观念。艺术更多是带给大家一种轻松感，而不是沉重感，是在娱乐中与人自身的情绪、知识结构、爱好发生关系。这时人们对美的兴趣是有主动性的，这就是艺术的魅力。

文中部分参考资料来源：中央美院官方微信公众号，雅昌艺术网，《策展学丛》，2024 艺术中国《对话张子康》，2023 年美克洞学馆艺术展张子康发言
图片：由张子康提供

FENG FANG

冯放

守护候鸟 照见生态之殇

当代艺术家

——

冯放，当代艺术家，教授、博士生导师。先后就读于湖南艺术学校舞美科、北京电影学院美术系、中国社会科学院研究生院，现任北京电影学院当代艺术研究院执行院长、中国国家画院研究员、中国电影美术学会副会长、教育部学位中心全国高校美术学科评委库专家、首都公共艺术专家库专家、菲律宾基督教大学（Philippine Christian University）外聘教授。曾获第三届中国环境艺术奖（综合类）最佳范例奖、北京电影学院60周年校庆"校友突出贡献奖"、第八届"艺术长沙"个展邀请艺术家、库艺术"2022年度艺术人物"、湖南卫视＆芒果TV系列纪录片《湘行漫记》湘籍文化艺术人物。冯放的艺术实践涉足电影与戏剧美术、影视广告、文化空间设计多个专业。2008年他将重心完全转入当代艺术创作，其绘画以综合材料为主，涉及油画、水墨，追求"意象"的表现，综合材料创作以纸浆做肌理，矿物染料浸染，尝试将传统国画工艺与铁钉、植物胶等现代材料结合，追求视觉冲击力和东方意味。近年他在绘画的基础上加入装置、影像、雕塑创作，围绕一个主题进行多种媒介的表达，探索在当代语境下，艺术媒介间的组合冲撞对主题多层次、多维度的场域表述。

冯放儿时因舅外公翟翊创作的皮影戏《龟与鹤》而喜欢上鹤，9岁起便在舅外公的启蒙下开始学习绘画，一直在艺术熏陶中成长，之后考进北京电影学院美术系接受系统的美术训练。历经美术指导、导演、建筑空间设计师、画家、执行院长等角色，他在多个领域内都有建树。他从湖南、北京到广州再到深圳，之后又回湖南，辗转奔走，乐此不疲。中年后又重回北京，他专注于绘画和当代艺术。在诸多社会身份中，他最喜欢还是"画者"的这一角色。"是一种纯粹的热爱，内心归于安宁的一种确定。我在创作中不断有热情，愿意坚守下去。"

《鸟鸣02》

《惊蛰10》

回顾冯放的艺术创作历程时，不难发现很多作品的创作主题是鹤和候鸟，这些作品关注生命与自然，致力于将中国哲学和东方意象融入当代文化语境中，使古老的文化在当下社会焕发出新的活力与意义。他的作品涉及综合材料绘画、雕塑、装置、影像等多种媒介和形式。冯放的艺术创作始终在自身的文化脉络中去寻求与当下共同价值的协同，同时又不失自我思考与独立精神。

如今我们面临着全球气候变暖等环境问题，自然对人类的反噬越加猛烈，并且终将深刻影响人们的健康和生活方式。正如雨果所言："大自然是善良的慈母，同时也是冷酷的屠夫。"人与自然之间究竟出了什么问题？冯放以艺术建设性地介入社会的创作方式，帮我们找到了答案。

早在10年前，冯放就已经关注人与自然之间的问题。他因为喜爱鹤而关注候鸟，当时，候鸟在南迁途中频遭围猎、捕杀及非法贩卖，其生存现状极为严峻。冯放积极投身于候鸟的保护，他资助了朋友李锋以影像记录南迁候鸟被捕杀的惨状。捕杀候鸟的行为最终通过央视的曝光，引起了社会的关注，使相关部门进行了严厉整治。自此，冯放一直保持对这条鸟道（注：鸟类的迁徙路线）的关注，随后他与李锋又共同编导了影像作品《鸟殇》，这一关注终使鸟道逐渐恢复了其原有的宁静，重新成为候鸟南迁北返的安全通道。这一转变，无疑是艺术与社会责任相结合的成功典范。

《湘行漫记》系列纪录片之《鹤鸣罗霄》由湖南卫视在 2023 年推出，为我们呈现了一个关于艺术与自然和谐共生的故事。2012 年罗霄山脉候鸟被围猎的事件给了冯放极大的震惊，他以此为背景创作了作品《鸟道》。这是他的艺术创作从平面走向场域空间，从绘画走向雕塑、装置、影像及行为表演的起点。纪录片中，主持人携手专家一同探访冯放的艺术，深入探讨了人与自然之间的关系，以及艺术如何介入并影响人类生活方式和社会观念。在纪录片镜头中，冯放通过精心设计的艺术装置直观地再现了野生动物遭受伤害的痛心场景，给人深深的震撼。

2022 年冯放获得了《库艺术》年度艺术人物称号。《库艺术》在给予他的获奖辞中这样写道："冯放始终关注现实、社会和人生，以真诚的艺术表达展现艺术家在当下社会的意义与价值。如他自己所言：'我相信保持对艺术忠诚的态度，最重要的是有恒心地、持续地、耐得住寂寞地去做，它的力量会慢慢显现。'"

《候鸟》

2022 年，冯放《鸟道·生生不息》展览在长沙李自健美术馆开幕，展览是对"殇"的推进，也是对拯救候鸟艺术行动的 10 年回望。展览以"鹤"的意象为母题，通过极具个人属性的艺术语言，以人文主义为核心，表达对人与自然的关系、生命存在状态的探索。"冯放自觉追求意象的表现，这首先源于他对于中国传统文化和东方艺术精神的思考。"一个艺术策展人观展后有感而发。

《候鸟》

《照见 2》

2021年，冯放个展"殇"在今日美术馆举办。展览以装置、雕塑、绘画、影像多媒介营造了沉浸式场景，打造一个深邃的能量空间。展厅外的入口坡道近5米的不锈钢《候鸟》为展览点题；展厅16米长、4米宽的浮雕《殇》让人想到被杀戮的候鸟族群的命运；封闭空间里大型装置《烟》呈现美好被毁灭的悲剧力量；8.6米高构架内的反吊鸟骨雕塑及地面镜子表达现实世界"照见"你我。

今日美术馆"殇"冯放作品展

《烟》

《回风》

中国电影美术学会副会长王鸿海看完展览说："冯放是一位勤于思考、敢于担当、富有责任的艺术家。当代艺术就应该基于对个人的思考、对社会的思考、对民族的思考、对人类的思考，在各个方面提出并思考一些问题。"

罗尔斯顿曾说："接受某种超越人类中心主义的世界观，甚至能够像爱他们自己那样去爱其他动物。"无论什么艺术，其价值都以时间来决定。能突破时间、突破认知的人，其实也收获了时间赐予他自身的"新生"或"顿悟"作为丰厚的馈赠。想必冯放在守护候鸟的数年之间，自身的精神之境和艺术之道也逐步实现了自我涅槃，从而为大众提供了一个全新、生动、真实、立体、多元的生态标本，成为一个社会事件，从而让艺术家不再是社会问题的提问者，而是变成了参与者、改变者、影响者。

"鹤已经被符号化处理了，不管是鹤的形象还是鹤所承载的意义，都被转化了，从单一的形象符号转化为多元的叙事符号，从单一的价值传达维度拓展为多元的问题表达维度。从身份建构的多元化到身份表达的多元化，符号化和意象化的鹤，照见了自己，也照见了我们。"中国国家画院雕塑院执行院长王艺看过展览后在研讨会上分享道。展览的策展人彭锋谈到"殇"，他觉得："人类与自然界的生命本来就是一个共同体，没有一个物种拥有俯瞰其他生命的资格。尊重与保护自然，就是在保护人类自己。"

FENG FANG
被采访人冯放自述

没有一只候鸟会飞直线

更有意思的是我还觉得我在艺术之路上的探索和经历也犹如候鸟一样到处迁徙、行走：从南到北，再从北到南，穿越了半个中国，却从未直线飞行，一路艰辛却从未改变过初心。

自古以来，鸟类是人类亲密的朋友，人类是鸟类信赖的伙伴。候鸟是指在春秋两季沿着较稳定的路线，在繁殖地和越冬地之间来回迁徙的鸟类。全球共有约 1800 多种候鸟。有的候鸟迁徙时要远涉重洋，例如金鸥，它们每年秋季从北冰洋迁往南半球的阿根廷越冬，第二年春天飞回原地繁殖后代，每次往返 2 万公里。它们一生迁徙几十次，每次都是团结一致，成群飞行，无论是遇到台风还是冰雹，每年到一定时间，它们都会飞回来。

我的创作初衷是想表达珍惜和保护候鸟、停止杀戮。这几年经历了这么多，让我深切地感受到，我们不是候鸟的保护者。人类与鸟、与自然是休戚与共的共同体，人类对自然的过度索取，必然带来自然的反噬。高速发展的科技加速了破坏自然的规模和速度，在自然反噬时并不能更好地保护我们，自然的回击反而更加猛烈和频繁，这是一条不归之路。

鹤的迁徙周期特别漫长，整个过程是一场勇往直前、向死而生的跋涉。它们飞翔时非常优美，这种美是在迁徙中磨砺出来的，如何表达出这种悲壮的美是我一直在考虑的问题。我选择了不锈钢这种材料，它既飘逸纤细又坚韧有力，它的亮面在阳光下、在天空背景中是美丽的弧线，而它的哑光面又能把肌肉和骨骼那种紧凑感和力量感都显示出来。更有意思的是，我觉得自己在艺术之路上的探索和经历也犹如候鸟一样到处迁徙、行走，从南到北，再从北到南，穿越了半个中国，从未直线飞行，一路艰辛却从未改变过初心。

1998年，我参与了湖南省博物馆（现湖南博物院）的室内外设计招标项目。这正是因为我过去进行了建筑设计、空间设计的系统学习，也积累了艺术教育、舞美、场景设计等多方面的工作经验。此外，我曾经拍摄过关于湖南历史的影片，对湖南的历史比较熟知，所以最后我的方案在众多竞争者中脱颖而出。

然而，在项目具体操作过程中，我遇到了前所未有的挑战。博物馆的空调、展品、装置等要求极高，工作量巨大。我需要与上百人打交道，每一天都是战战兢兢，如履薄冰。最终，我的设计作品获得了全国银奖，湖南省博物馆也成为湖南当时的地标性建筑。此后，我又主持了湖南卫视演播厅及公共区、中南林业科技大学图书馆等文化空间设计项目。现在回想起这些经历，仿佛也是从候鸟的迁徙中感受到"自我涅槃"。

冯放主导设计的湖南省博物馆

鹤鸣于九皋　照见你我

我崇尚"士"的品格，向往
闲云野鹤的精神世界。

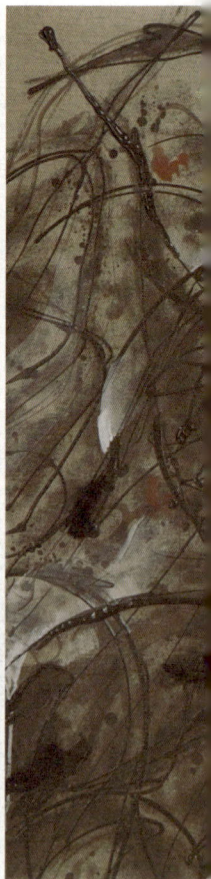

《寒露》

《立春02》

我开始画鹤，同时也更深入地了解它。我被鹤的灵动、高洁、隐逸、自由、正气、感恩之心所深深吸引，更对鹤在中国古代所承载的精神符号充满敬意。两千多年来，无数文人墨客画它，它既是涅槃重生的象征，也是文人雅士的化身。《诗经》中的鹤有着"鹤鸣于九皋，声闻于天"的磅礴大气，白居易笔下的鹤则有着"临风一唳思何事，怅望青田云水遥"的清雅风姿。古人常以鹤喻"士"，赞美其遗世独立，坚守独立意志与自由思想的精神。我崇尚"士"的品格，向往闲云野鹤的精神世界。作为候鸟的鹤濒临灭绝，不但是物种的消亡，同时也是它所承载的中国传统文化符号——"士"的精神的消逝。

《鹤 01》

《鹤 03》

如今，鹤已是濒危的候鸟。我去考察的时候，发觉鹤的生存非常不易，它们的迁徙存在着太多不可预测的危险，很多鹤死在路途上，年老或体弱的鹤被淘汰。这是它们这个物种优胜劣汰的方式，也是它们的宿命。

我最初着手画鹤时，是从我熟悉的油画入手的，我画鹤群春天北返时的雀跃，飞过山林时的鸣喉。受学院派训练影响，我用写实的画法作为起点。但或许与童年的经历和学习舞台美术有关，我作画时下意识地用写实手段在做意象表现。随着对鹤的认识不断深入，以及对意象表达持续地研究和探索，我在绘画语言上也经历了显著的演变和精进。2009 年我开始尝试

《鸟之殇 - 候鸟南迁日志》

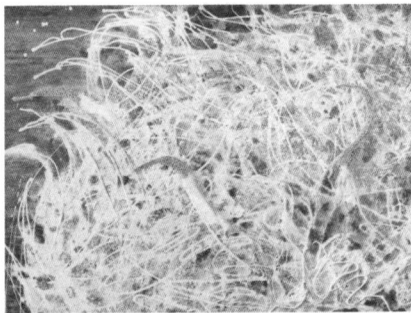

《太极01》

运用多种媒介，如水墨、油画、综合材料，画的都是鹤的题材。从以写实的手法表现意象，到以综合材料走向意象的表现，我用了十余年时间，最终在做综合材料的过程里找到了自己。

在绘画方向上做了大量的尝试后，我最终选择了对中国传统意象的表达。油画是从西方引进的画种，水墨是中国传统的艺术。回溯西方艺术史，从具象到抽象，再到现代艺术、观念艺术，整个体系被推向极端。而我们的水墨，从媒材表现、视觉冲击力等角度而言，同样也需要突破。所以，无论是西方艺术，还是中国传统艺术，在当代都面临着同样的问题，那就是如何突破。我的绘画以综合材料为主，涉及油画、水墨，追求意象的表现。材料的创作以纸浆做肌理，用矿物染料浸染，尝试将传统国画工艺与铁钉、工业胶等现代材料结合，营造视觉冲击力和东方意味。我想，中国的意象并不只存在于水墨中，我一直在探索用当代的多媒介的艺术形式去表达，将中国哲学思想转化到当代语境中，在自身的文脉中寻找今天的共同价值，从而照见自我，照见生命，照见自然，照见我们共同的命运。

艺术的无用之大用

艺术的发展一直和哲学、科技、经济、社会文化息息相关

我们这一代出生于 20 世纪 60 年代的艺术家，在受教育的年代对于物质生活要求不是很高，因此更重视精神世界，有家国情怀和浪漫主义情结。回望过往，这一路的成长历程使我们对人生的理解丰富且深刻。当今科技发展日新月异，我们意识到必须与时俱进，保持终身学习的习惯，与时代同频，因此要和年轻的当代艺术家多交流，相互学习交流。

创作和布展中的冯放

2022 年长沙李自健美术馆冯放个展现场

在我看来，艺术是无用也是大用。艺术的发展一直和哲学、科技、经济、社会文化息息相关。如果世界是一朵花，那经济、科技是花之体，哲学、文化是花之神韵，艺术应是花之形。从艺术本体来说，艺术的本质就是为艺术而艺术；从实用性来讲，艺术本身不具备满足人们基础物质需求的能力，所以它是无用的。从精神价值来看，艺术在当代社会中，可以作为一种弥合社会裂痕、引发人们反思的工具，可以启发我们充分倾听和了解彼此，在此基础上再去建立我们的观点，对于整个社会来说都是有意义的。

譬如我的展览《照见2》的主题是开放的，没有刻意去定义。每一位观众的感受都是不一样的。他们跨越年龄、地域、职业、社会背景，在同一个场域与作品同频共振。"你照见了什么？"这个问号直面每个人，有的人照见了混沌中的希望，有的人照见身临其境的宁静，有的人照见了爱与慈悲，有的人照见了尊重和敬畏，这就是艺术带来人们的一次正知、正见、正行的碰撞和启发。

艺术批评家王萌看完展览说道："作为批评家，我特别希望冯放这位优质内容创作者进入当代艺术系统时，能够推动这个系统有生命力地前进。"我想这大概是艺术有用的一次印证。所以，我觉得作为当代艺术家更要有良知，要慎独，作品要具有向善的心念；要主动关注弱势群体，承担社会责任；要以艺术作品连接社会公共意识，关注社会现实，创造出具有时代意义的好作品。我对当代艺术的理解是，它是当代文明的表述，作为社会的一员，我相信积极的艺术表述会对社会进步起到作用。

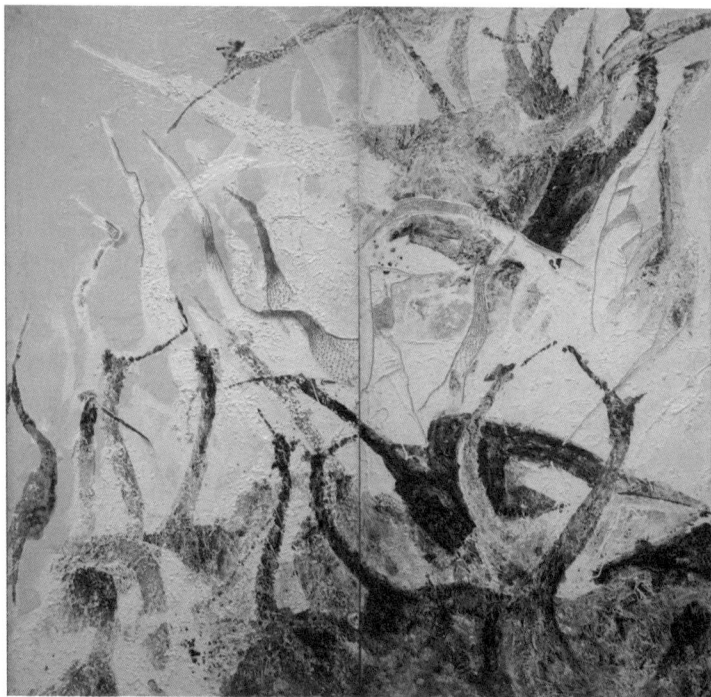

《鹤舞》

SHI YONGGANG

师永刚

我想人生一定有剧本

畅销书作家

——

师永刚，畅销书作家，原《凤凰周刊》主编，作家。曾策划、编著十余部画传类图书，发行总数超过百万册，引发国内画传热潮。另出版长篇小说《最后的骑兵》《迷失的兵城》以及媒体研究丛书《解密凤凰》《解密读者》《中国时代》等。新作《无国界病人》出版以来，已经5次印刷。

编者按

2013 年，我在北京师永刚家附近的咖啡厅和他聊工作的事情，邀请他参加一个活动，由于活动时间和他出国的时间冲突，他彬彬有礼地推辞了，但是他很热情地和我聊写作、创意和策划，整个人充满激情。现在回想起来，那时应该是他癌症初期，但他没有向大众公布，完全像什么都没有发生一样，乐呵呵地面对这一切。

和师永刚聊天，你也会没办法把曾经是少校军衔的军人、诗人、媒体主编、知名图书策划人、作家、无国界病人这几种身份和面前的他有所关联。生活中的他着装朴素，习惯戴一顶帽子，文人的清高和军人的严肃悄无踪影；他说话简洁，没有妙语如珠的侃侃而谈，只有恰到好处的关键词；他表达温和、谦逊、脸上始终挂着微笑，有时候还略显内敛。然而他书中的世界却是丰富且壮阔：大西北土地之上孤独的炊烟，暗红的圆太阳，稠密的风沙；深沉的青春赞诗；跌宕起伏、荡气回肠、洗涤灵魂的军魂故事；以历史照片为载体，以当代前沿语言解读历史名人的图册；科学实用的无国界求医指南……他用不同类型的文风勾画出一个人的文字史诗。在这里面，没有迎合，只有忠于文学的赤诚和独立思考的表达。"写作一直是我的热爱。其他都是我的职业。突然的生病使我在飞驰的高速路上开始慢下来，也是给生命一个新的出口。10 年的抗癌历程，是痛苦也是幸运，让我的写作方向从之前的无用之用的文学创作开始回归生活之用的医学健康。"

"站在山上，我唯一看不见的是自己，站在山下，我就听到了自己的呻吟。行走在尘埃中，伟大的土地，只有你明白，我在这个世上应该有的样子……"师永刚曾在西北从军15年，在那期间他还是一个军旅诗人，曾出版诗集《仰望灵魂》，散文集《枪》，长篇小说《最后的骑兵》《迷失的兵城》，前者还被改编成电视连续剧《最后的骑兵》在央视播出。之后为了追寻自己的写作梦想，师永刚去了《凤凰周刊》工作，他在《凤凰周刊》担任主编期间编著的《邓丽君画传》《切·格瓦拉画传》等在国内掀起画传热潮，总印量超100万

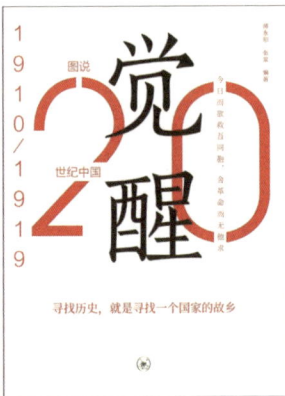

师永刚参与编写的图书

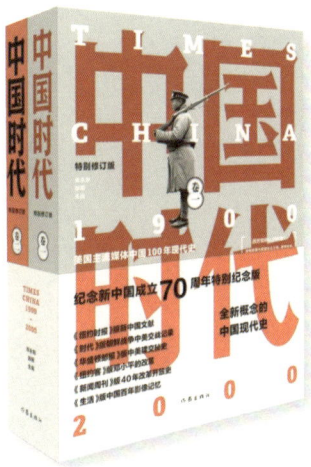

册。那个时期他用做书的方式去做杂志，做杂志的方式去做书。他以全新的价值观把历史和人写出了和而不同的"酷和先锋"，创造了一个新的阅读浪潮。他还出版了多部媒体传记:《解密凤凰》火爆一时，《读者传奇》卖了20多万本，还有研究《时代》周刊的《中国时代》……"中国说明书"丛书之《变局》《觉醒》两卷令他被当当网评为"第九届当当影响力文学作家"。一时间，师永刚成为中国文坛黑马作家，得到来自不同教育背景、不同文化氛围的读者人群的认可，他也实现了文字人生的第二次自我超越。

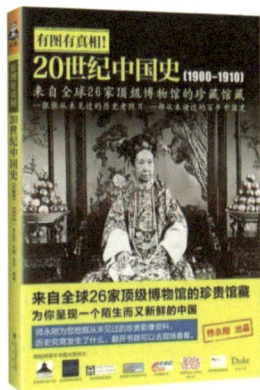

师永刚参与编写的图书

"以前我更多的是'轻写作'，通过小说、传记来表达形而上的文艺情怀。而现在我为当下写作，以自己作为实践载体，探索更能解决问题的写作方向。而我从来不关注各种奖项和作家光环，这些和我没有关系。我只希望有更多的时间，安安静静写自己喜欢的东西。"能忍受别人没创意，不能容忍自己没有独立的声音，师永刚总是在寻找一些"独特"的东西，并且总能够找到，他也坚信自己的作品和人生是不可复制的。

"我想人生一定有剧本。苦难的来临总是静默的、迅疾的、锋利的、倾覆的。"2012年8月26日，师永刚像往常一样去医院体检，却没有想到自己将迎来一个残酷的现实——医生说他可能患上了肾上腺皮质癌这种罕见的癌症。为了治病，他在中国和美国顶级的医院无数次求医问药，在中西医之间探索尝试。他历经2次手术、5次复发转移、4次急诊和6个周期的放疗，以及3次新药的临床试验，他"吃"的射线相当于拍了4500次X光的剂量……截稿时止，他有4年半没接受过任何治疗了。只要治疗结束5年内，肿瘤没有复发，就将达到医学上的临床治愈。在他看来，生老病死，这4个人生的重要节点，唯有"病"，也许是唯一我们可以与之搏斗、周旋的。

史铁生的书中有段话："我经由光阴，经由山水，经由乡村和城市，同样我也经由别人，经由一切他者以及由之引生的思绪和梦想而走成了我。那路途中的一切，有些与我擦肩而过从此天各一方，有些便永久驻进我的心魂，雕琢我，塑造我，锤炼我，融入我而成为我。"跨越时空，在某个阶段和瞬间，史铁生与师永刚有着异曲同工的默契。师永刚曾经一度抗拒写书揭开自己癌症病人的身份。但是他的10年抗癌路程上，有太多人的帮扶和无私支持。医生、病友、爱人、领导、同事、朋友、还有那些默默工作在医院一线的无名者，都是他曾经求医路上的光。因此他最终下决心写下《无国界病人》这本书，希望自己也成为光的传递者，能够通过文字帮助更多因疾病而无助迷茫的人。

师永刚的偶像切·格瓦拉曾说："让我们面对现实，让我们忠于理想。"他喜欢的作家毛姆也曾说："一个人能追求的最高理想应该是对自我的完善。"师永刚觉得，10年生病塑造了他新的文学观、人生观、价值观、生命观。"死亡给了我最好的教育：如何更好地去认识自己的身体？用怎样的思维去看待这个社会？这像是文学问题，也像终极的哲学问题……"疾病与命运之间，藏着无法洞悉的秘密。在他看来，自己的作家之路，在经历过人生3个阶段的突围之后，走入了属于自己的"华枝春满，天心月圆"。

癌症康复后的师永刚在工作中

文艺写作 | 纯粹致青春

那时候我们有梦，关于文学，关于爱情，关于穿越世界的旅行。如今我们深夜饮酒，杯子碰到一起，都是梦破碎的声音。——北岛

虽然现在我不再写诗，但诗歌仍在我心。1986 年，我还在故乡临汾的一所学校读书，痴迷于诗歌写作。那时我偏科严重，为了诗，似乎可以放弃一切。当时喜欢文学的中学生们出路大抵有两种，一种是被保送到大学，另一种是去部队参军。同年 10 月，我入伍来到了甘肃武威。在新兵营，我写的一首关于军旅生活的短诗发表在《解放军报》上。这首诗如今读来幼稚可笑，却改变了我的命运。

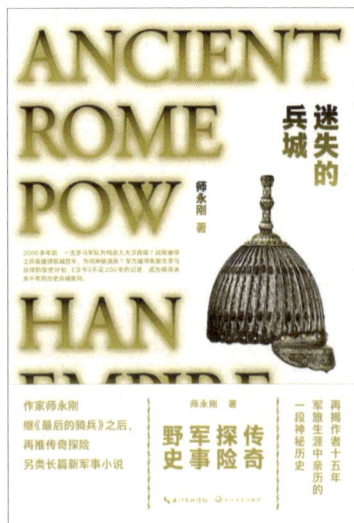

师永刚的小说

后来在新兵营期间陆续发表的几首诗，显然给我在部队里带来了出乎意料的变化。我所在炮兵团的政治处吕主任喜格律，他常与我谈诗，引为知己。我随即被调到了团里的报道组，开始从事军事新闻报道。我当兵的地方就是古凉州的所在地，无数的诗篇曾描写过那里，我有幸能够在那个诗人们留下足迹和诗篇的地方当兵，遥想先贤的风采。西北给予了我写诗的灵感，我后来在《解放军文艺》《诗刊》《人民文学》等报刊发了十多篇组诗，也出了第一本诗集《仰望灵魂》。开始写作长篇小说《迷失的兵城》《最后的骑兵》（分别由解放军文艺出版社、长江文艺出版社出版）之后，我就很少写诗了。但诗歌一直存于我心，像隐秘的号角，随时可以把我唤醒。

有一位战友曾经这样评价："从军旅中的一个'数字编号'变成一个具体的人，一个有名有姓的'本我'和'自我'。"写新闻，办杂志是为了生存与饭碗，写诗、散文、小说是为了"仰望灵魂"。现在回想，在那个热血沸腾的年代，我很幸运有时间去写一些俯视自己精神的文字，能够保留自己理想主义者的追求。当然，如今回望，当兵15年仿佛也就是一天，你的一生用一句话就可以说完。我经常想，难道我一辈子就这样？也许我应当尝试一种新的生活与改变。

人不应只有一天，而应当有更多的不同的日子。

无用写作 | 创造深阅读浪潮

余华曾说："人是为活着本身而活着，而不是为了活着之外的任何事物所活着。" 2000 年我离开军队，去往深圳，在刚创刊的《凤凰周刊》做编辑，3 年后，成为这本杂志的主编。在南方这数年间，我对文学的想法发生了改变，似乎再没有写过诗。在做好杂志的同时，我迷恋传记写作，撰写了《邓丽君画传》《切·格瓦拉画传》等数本畅销书。直到今天，我算是从一个文学青年转型做了时政新闻杂志主编，并且还兼职做了业余图书策划人。

我们做的画传选取的人物都是标志性历史人物，突出内容的独家性，通过客观的笔触和真实的照片以求接近真实的历史。我们赋予这些书全新的包装形式、价值观念和阅读感受，每本书都有独特的思想。所以图书整体市场的好坏与我们没有什么关系，我们就是为某一部分人做书，做别人没办法做、没时间做的图书。

我们曾经创造了一个阶段的阅读新趋势。

有用写作 | 为当下造舟

必须在岔路口做出决定。——师永刚

人生总是会被突如其来的变故划分为不同的部分。

2012 年 8 月，我被确诊为发病率仅有百万分之一的罕见癌症——肾上腺皮质癌。我也是个俗人，我也一万次地问过自己：为什么我要生这个病？正是有这个突然的变故，才有愤恨、伤心、激动、恐惧……我有机会体会到人类这些丰富的情绪。为什么会是自己？也许是曾经经历过的、无法驾驭的、无法承受的，经过时间的叠加，造就了这样一个结果。

师永刚作为《凤凰周刊》的主编，常常加班工作到深夜

癌症最喜欢有"坏性格"的人，他们克己、压抑、焦虑、抑郁、无助、过分为别人着想，他们的内分泌功能容易紊乱，器官活动也容易失调。在做手术之前，我曾与医生一起讨论过得病的起源与原因。在将近十几年的时间里，我一直处于一种高度紧张、疲劳、焦虑和抑郁之中，身体疼痛，肌肉无力，情绪波动和注意力不集中困扰着我，无缘由的发火和无力感常常干扰我的工作。

我常加班至凌晨一两点，这样的生活几乎维持了十多年。以前我一直认为身体的不舒服、疼痛是由我的颈椎病带来的，颈椎病导致我的大脑供血不足。患癌后，朋友发来的一篇文章里面就提到，样本量超 14 万人的试验表明，每年有 50 天以上工作超过 10 小时的夜班人士，其面临的中风、心脏疾病和癌症风险增加 29%。不良的生活方式真的会导致癌症，虽然很多癌症是运气、遗传或是环境污染等带来的，但最重要的是生活方式的影响。

刚生病时，有一年多时间，我没看过书，也不看新闻。每天在 MD 安德森癌症中心附近的 8181 公寓的泳池边听《乔布斯传》，晒太阳。有人建议我写本治疗手记，我听了反感。你自己都不知道能活多久，为什么要写这样的东西？它一度是我隐藏最深的秘密。我忍受不了同情，也忍受不了人们的关心。

变化出现在 2019 年。我回到北京后，一家三甲医院的资深肿瘤医生翻看了我在 MD 安德森癌症中心治疗的病历后，提出想复印一份。医生认为这二十多页英文病历，记录了几乎全部目前国际上对肾上腺皮质癌最先进的治疗方案，包括用药剂量、症状、副作用等，"对于治疗国内的同类病人有借鉴作用。"这是我第一次发现，自己的治疗过程也许对别人有参考价值。

另一件事则是一通电话。对方是一位 18 岁的广西男孩，他也身患肾上腺皮质癌，但癌细胞已转移至肝、肺，失去手术的可能性。他在北京、上海跑遍了大医院都没有办法。我让男孩先发一些简单的资料，我来帮忙联系国外的医生。

两周后，男孩一直没有消息。我主动打电话过去，是男孩的妈妈接的，人已经去世了。后来很长时间内，我都会在梦里听见这位母亲的哭声。我眼睁睁地看着这个人没了，仅仅是因为他找不到一个治疗他的医生。这对我是个巨大的打击。眼看着一个病人去世，但却无能为力。

师永刚和美国主治医生哈勃

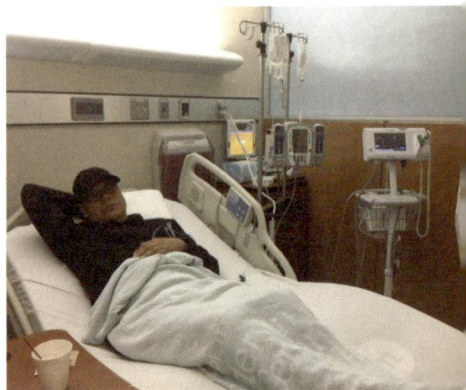
2019 年 8 月，师永刚在 MD 安德森癌症中心参加临床试验

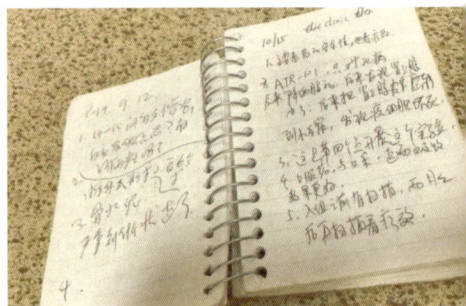
师永刚随身带着笔记本，会随时进行记录，见医生前也会准备好问题

距离 MD 安德森癌症中心不远的 8181 社区公寓，住着许多求医的中国病人，被称为"中国癌症病人村"。他们的聚会让人感到温情。人生中的每个际遇，或者你遇到的每一个人，其实都会在你人生中最重要的时间出现，并成为那个给你指路的人。

我是在生病之后才知道，疾病是一个如此广阔的世界，看病是一件门槛很高的事情，在这个门槛中，金钱甚至不是最重要的。实际上，国内的很多癌症病人最缺乏的是一些类似于癌症通识知识的基本常识。纵观以上种种原因，我决定写下《无国界病人》这本书，完整地记录了自己从确诊到现在的治疗经历。我在书中尽量淡化文学化的内心世界描写，而是理性地讲述一个个生离死别的非虚构故事。读者最好觉得我在写别人，因为讲述痛苦没有意义，这是一本以个人疾病治疗史为主线的看病指南，也是一份对中国、美国医疗体制的独立观察笔记。

现在不忙的时候，我会看一些与医学相关的电影和专业书籍，也会和医院的医生进行沟通和交流，接下来，我会继续写作《无国界病人》系列的第二本书。我没有鲁迅先生那样弃医从文的宏志，但是我想用写作，聚焦和关注医学、健康、治疗、病人……为那些在生死一线的病人，通过写作和记录创造出属于病人们的"诺亚方舟"。恐惧会传染，希望也会。医学无国界，病人无国界，写作也无国界。

师永刚写的《无国界病人》

除了看病，师永刚也喜欢在旅行中放松自己

GUAN DONGYUAN

关东元

以艺术致"永生"

收藏家

——

关东元，出生于北京，当代艺术收藏家。曾在跨国公司任职业经理人。至 2020 年卸任前，先后荣获民航业 2004 年年度人物、亚太区 2006 年年度企业十大成就人物、2006 年中华十大经济英才、2007 年中国十大管理英才等荣誉称号。目前专注于当代艺术品收藏和企业咨询服务。

编者按

我与关东元在工作中曾接触过，那时他是时尚媒体界备受追捧的"明星总裁"和知行合一的企业家，他严谨、专业、着装时尚而考究。前段时间，偶尔在朋友圈看到他成为了当代艺术的收藏家，在当下的艺术媒体圈依旧是话题人物，热度不减。于是在一个工作日的下午，我参观了他位于 CBD 中心的"艺术会客厅"。在装满了百余件艺术作品的空间中，关东元身穿橙色休闲衬衣，倚在沙发上，真实、坦荡地向我们诉说了他 12 年的艺术收藏故事……

武晨《假如马蒂斯出生在美国》

朱莉亚·乔《白日梦》

在收藏当代艺术之前，关东元一直在跨国公司做职业经理人。1967 年，他出生在北京的机关大院里，父母都是工程师。1990 年本科毕业后，他"叛逆"地放弃了研究生的保送名额，而是去巴西的圣保罗大学念造船工程专业的研究生。1996 年，他以 29 岁的年纪出任世界第一大铁矿石生产和出口商——巴西淡水河谷公司的驻中国首席代表，也成为巴西淡水河谷公司历史上最年轻的高管；2000 年，33 岁的他出任巴西航空工业公司高级副总裁兼大中华区总裁，是业界公认的贡献卓著的职业经理人。至 2020 年卸任前，他先后荣获民航业 2004 年年度人物、亚太区 2006 年年度企业十大成就人物、2006 年中华十大经济英才、2007 年中国十大管理英才、2013 年第九届航空航天月桂奖之"领导卓越"奖等荣誉称号。

关东元在自己的公寓艺术空间接受采访

李倩羽《错位》

唐娜·胡安卡《令人窒息》

时光流转，关东元与艺术的缘分和他的工作经历分不开。因工作原因，他经常到一些跨国公司去考察，看到客户公司的楼道、办公室等空间大多摆放很多艺术作品，他认为这是企业文化很好的展现。此后，他一有时间就去观摩各种展览，思考和研究艺术与企业的关系。"另外，作为个人，在那个年代，我不仅是跨国企业的高级管理人员，站在国际市场，我还代表中国人的形象。我希望通过自己的努力，打破世界当时对中国人的偏见。艺术作为人类的精神家园，在某个程度扩大了我的认知，进步的艺术作品是工作和生活的启示集，能给我带来智慧，并且还提升了我的审美修养。这种软实力构成了企业魅力和自信。"

木树友纪《木头，玻璃瓶》

卡特娅·塞布《池边的维纳斯》

为了让自己更深入地了解艺术体系，关东元在工作之余参加了由中欧商学院和佳士得美术学院合作的"全球艺术市场：艺术品收藏与投资"课程，在北京、台北、香港、伦敦四地进行学习，并探访世界知名博物馆、佳士得拍卖行总部、艺术家工作室及私人收藏馆。他一边学习一边收藏自己喜欢的作品。"我不是一拍脑袋就去做收藏的。

到今天我一直觉得：任何好事情，不会天上掉馅饼，一定要经过自己去努力付出。而人的一生中吃苦是逃不掉的，你年轻的时候不吃苦，老了就要吃苦，不要有侥幸心理。但是我努力奋斗的结果不是只为了吃苦，而是为了享受生活。人的思维方式和视野会影响人的一生……"

余果《碛石》

汤大尧《密语》

然而对于实用主义者而言，"人文主义"似乎是文雅的代名词，绘画、艺术品只是装饰品或者展示财富的一种工具。对此，关东元认为："艺术以多元的视角诠释生命的本真，在多维时空中探索、映射和创造着这个时代。收藏之于我，不仅是爱好，在某个层面也是收藏一段文化史或者是文明史。在历史上的长河之中，它的价值是归属于整个社会和世界的。而现在，我仍然是一个当代艺术收藏的探索者、学习者。我还在路上……"

如今，关东元作为职业经理人已退休，但是那股终身持续学习的劲儿依旧旺盛。在他看来，做每一件事，他都会认真努力突破自己。艺术面前，人人都平等，人人都贫瘠。"在我看来，生命的意义在于永生。屈原、岳飞、陆游等人才是真正的'永生'榜样，他们给我们提供了一种可以持续学习和传承的精神。还有我特别佩服沃格尔夫妇（Herbert and Dorothy Vogel），他们并非隐世富豪，也非皇室后裔，年收入不足 5 万美元，但他们的收藏品却填补了整个美国当代艺术的空白。他们收藏的艺术品让当代艺术'永生'，让某个阶段的世界文明得以完整传承下去，同时他们在人们心中也得到了'永生'。"

GUAN DONGYUAN
被采访人关东元自述

跨界的跋涉者｜成功与真理一样永远在路上

回顾我自己的人生上半场，并不是要展示我命好或享有特权，而是见证我的努力和勤奋。刚到巴西时，我不会说葡萄牙语，语言是自己下苦功坚持学下来的。为了挣生活费，我当过佣人，睡过体育馆的水泥地，常常早上七点就起来干活，一直到凌晨。随后在跨国公司工作，我之所以年纪轻轻就能够承担起重要的职责，并非偶然，而是源于我在工作上的精益求精。譬如某个项目领导的期待值是 80 分，我会努力做到 100 分。正是这样的工作态度，让我在某个领域内取得了显著的成就，赢得了信誉和业界的信任，进而吸引了其他行业的关注和合作机会，成功实现了跨界。

另外，人要对自己有要求，只有尊重自己，方能赢得他人的尊重。无论是面对媒体采访，还是参加商务活动，我都力求在每个细节上做到尽善尽美，细微到每个场合适合的西服，我都会提前做足准备。我深知，打造自己的声誉是一辈子的事情，毁掉它可能只在一念之间。因此，我坚持万变不离其宗的原则，即无论身处何种环境，都保持认真、踏实、有原则的工作态度和生活习惯。正是之前工作中形成的习惯和思维，为我后来涉足艺术行业提供了有力的支撑。

到今天我始终相信：世间没有不劳而获的好事，每一份收获一定是经过自己努力付出的结果。人的一生，吃苦是必经之路，若年轻的时候不吃苦，选择安逸，那么老年时或许就要面临更多的困苦和遗憾。我们不要有任何侥幸心理。

亚当·勒普顿作品

收藏时间 | 艺术让文化脉络"永生"

收藏是考验人性的过程，快乐与痛苦在这个过程中共
存，需要不断自我反省和复盘……

2012 年，我收藏了自己人生中第一件艺术品。那是一个工作日的午饭时刻，我漫步到办公室楼下的小画廊，那里正在办展览。在众多展品中，一幅卡通风格、略带幽默感的画作瞬间吸引了我：画面中，一个船长带领三个小水手驾驶着一条破船，在汪洋大海中前行，他们脸上夸张的表情，令我在放松之余产生了深思。那时我决定收藏这幅作品的原因并不是美学角度的考量，而是作品的内容很契合我当时的心境：在矿石行业已经比较有成就时，放下一切，跨界到航空制造行业。面对全新的人脉、市场、产品、模式，组建新的团队，这对我来说是一个挑战。也是这次收藏，开启了我对当代艺术的研究和收藏。

阿格涅斯卡·涅纳托维茨
《即将到来的》

为了让自己深入系统地了解艺术体系，工作之余，我进行了专业课程学习，探访世界知名博物馆、艺术家工作室及私人收藏馆，并同艺术界专家进行交流。一个时代的艺术与那个时代的生活紧密相连。收藏当代艺术，意味着收藏像叶脉一样纵横交错的历史。我希望通过持续的收藏行为，逐步参与到中国当代艺术生态的建设中。

艺术收藏对于我来说是一种爱好、一种生活方式，而非投资。当我们拥有一件艺术品时，我们所拥有的不仅是一件人造物品，更是它背后所凝聚的记忆——曾经在平行时空存在过的生命智识、情感与信仰，以社会变迁的见证、地域风情的缩影。每一次收藏都是考验人性的过程，快乐与痛苦交织。在这个过程中，需要不断自我反省和复盘。收藏也会消耗财富，所以在这个过程中不能太任性，要根据自己需求和财力做出客观理性的判断。以前我不舍得售卖任何一件自己的藏品，现在我也开始尝试让它们重回市场，一方面流动可以让它们在新的环境中产生新的价值，另一方面也可以解决我自身的资金问题，为购买新的艺术作品创作条件。

我们对于某件艺术品的鉴赏和收藏，关键在于 3 个维度的认可：专家认可、市场认可、收藏者自己内心的认可。收藏一直是一个不断试错、不断被新的艺术形式所吸引的动态调整过程，每次购入一件艺术品，

孙大量《月光》

都是基于眼光、经验、喜好、财力等多方面综合考量的结果。所以我建议大家放宽心，学会接受人类认知的有限性和命运中的不确定性，从眼睛出发，也要从心出发，尽情享受艺术的魅力，不要过分期待艺术投资能让你"一飞冲天"。

在多元文化交织与构建世界命运共同体的时代背景下，艺术收藏更要具有全局视野。我将中国当代艺术和西方当代艺术作为自己的两条收藏主线，东西结合、成熟艺术

尼古拉·萨莫利《吉罗拉莫的游戏》

家与年轻艺术家相结合，逐渐建构完善自己的收藏体系和脉络。我从收藏中回顾自己的生活经历，觉察自己的思想变迁。我的藏品中有国外艺术家木村友纪（Yuki Kimura，日本）、艾迪·马丁内斯（Eddie Martinez，美国）、尼古拉·萨莫利（Nicola Samori，意大利）、布瑞特·查尔斯·西勒（Brett Charles Seiler，津巴布韦）、王亮杰（Alvin Ong，新加坡）、克莉斯提娜·舒特（Kristina Schuldt，德国）、梅赛迪斯·莱诺丝（Mercedes LlaNo.s，阿根廷）、卡特娅·塞布（Katja Seib，美国）等人的作品。而中国艺术家陈英杰、蒲英玮、郑芝琳、张业兴、汤大尧、余果、闫占城、王文婷等人的作品也在我的收藏之列。

纵观当下全球收藏趋势，"70后""80后"在保持强劲消费力的同时，"90后""00后"也加入了收藏艺术品的行列，藏家群体呈现出年轻化趋势。大幅作品被大买家收入囊中的同时，小幅作品的受欢迎程度也越来越高，消费型艺术品受到年轻人的热捧。

我乐于和年轻艺术家交流，从他们身上汲取灵感。并通过收藏他们的作品，给年轻艺术家提供一份鼓励，助力他们建立信心。在这种双向互动的过程中，藏家和艺术家双方共同成长。此外，年轻艺术家的作品入市价格比较理想。我现在不具备丰厚的

闫占城《你踩我一脚，我给你一拳》

资金，所以从来不收藏大师级的作品，但我希望能够从年轻艺术家中发现未来的艺术巨匠（如潜在的毕加索、梵高）。在艺术收藏的世界里，人人皆有机会。收藏不应是富人的专利，而是每个人在眼力、财力所及的范围内，去坚持一份属于自己的兴趣。

郑芝琳《与我共舞，伍迪》

蔡志松《故国·风2#》

2014年美国鲍登学院美术馆宣布，获赠收藏家沃格尔夫妇的320件艺术作品，这些艺术品来自当代艺术的代表人物帕特·斯特尔、理查德·塔特尔和朱利安·施纳贝尔等70位艺术家。这是沃格尔夫妇自1992年向美国国家美术馆捐赠藏品以来，规模最大的一次捐赠。

作为蝉联收藏家榜首10年的沃格尔夫妇，他们年收入不足5万美元，但他们的收藏却填补了美国当代艺术的空白。多乐丝的工资负责生活，赫伯的薪水用来购买艺术品。他们一生没有奢侈消费，夫妻俩有自己的艺术收藏之道。如果钱不够，那就分期，分期不行，那就打工。赫伯说道："艺术不是冰冷势利的财富，不是待价而沽的商品，是我们夫妇和艺术家在人间的相遇。只是为了开心，为了支持自己喜欢的艺术家，仅此而已。"

在我看来，生命的意义在于"永生"，屈原、岳飞、陆游等是真正的"永生"榜样，他们给后人提供了可以学习和传承的精神。还有我特别佩服沃格尔夫妇，他们收藏艺术品让当代艺术"永生"，仿佛他们用自己的一生做了一场漫长的行为艺术表演，让某个阶段的世界艺术得以完整传承下去，同时他们在人们心中也实现了"永生"。

娜布琪《宠物》

艺术是生活的镜子 | 返璞归真自在行走

我享受艺术是为了让我的生活更加美好，而不是为了艺术去生活……

从收藏第一件艺术品至今，12 年里我将原本出于工作需要租用的、位于北京市中心的一间面积超 160 平方米的公寓，用来存放自己收藏的部分当代艺术作品。我深信艺术的首要功能就是再现生活。正如莱奥纳多·达·芬奇所启迪的，艺术就像生活的一面镜子，映照出我们内心深处最丰富的思想。我并未寻求成立一个艺术机构，也不追求拥有一个公共艺术空间。我享受艺术是为了让生活更加美好，而不是为了艺术去生活。在这里，艺术与生活充分地结合在一起。我很喜欢在这个空间做一些小型的艺术沙龙，和朋友谈谈艺术、生活、投资等，沙龙参与者包括了企业家、作家、音乐人、驻华使节等。艺术无边界，它是纽带，把人们聚在了一起。艺术也是镜子，让我看到人性的光辉、美的力量和自己在收藏之路上需要精进的方向。

无论一个人拥有多么丰厚的财富或显赫的权势，在生命的终章，所有的一切都只能留在尘世，唯有灵魂伴我们踏上新的旅程。人生不是一场物质的盛宴，而是一次灵魂的修炼，旨在使灵魂在人生谢幕之时显出高尚。对于我来说，人生重要的不是终点和成果，而是在路上的过程。回顾自己的前半生，我可以用"自由、健康、坦荡、富足"4 个关键词来总结。"自由"是我在经营企业时，守正创新，做人有规则，因此在退休之际可以自由地去追求个人的新生活、新目标；"健康"告诉我，人要保持自律，在物质欲望、饮食和生活习惯上要有节制；"坦荡"得益于我坚守的个人原则，让我与违法犯纪的事绝缘，每一天都活得心安理得；"富足"是我秉持勤奋之道，小富小足。

关东元在自己的公寓

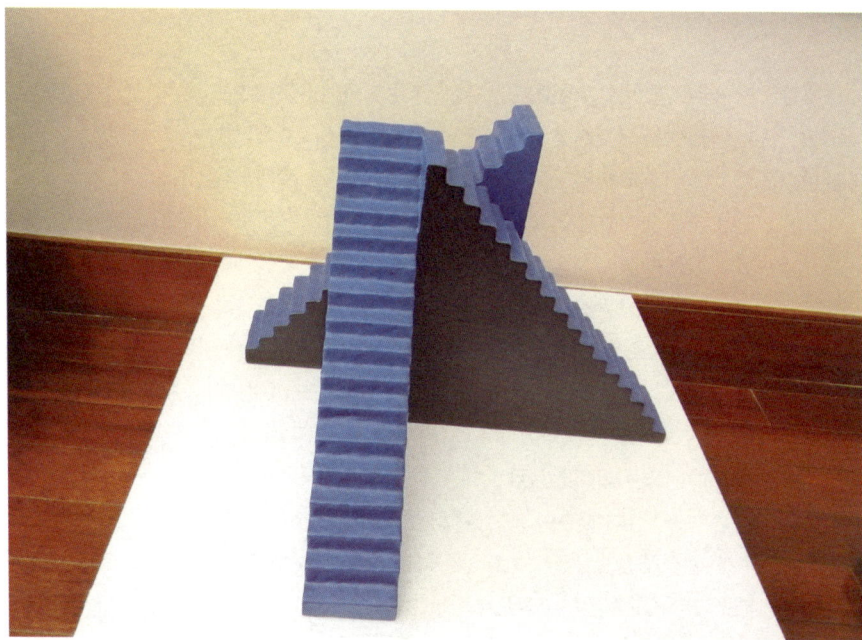

公寓一角的雕塑作品

CHEN WENLING

陈文令

雕刻生活　在奔跑中做梦

当代艺术家

———

陈文令，著名当代艺术家、雕塑家。1969年生于福建省泉州市安溪县，先后毕业于厦门工艺美术学院和中央美术学院。意大利佛罗伦萨国立美术学院荣誉院士，泉州市文艺评论家协会顾问。现居北京。他主创雕塑，并涉足装置、绘画、摄影、当代书法等多种艺术形式，被誉为魔幻现实主义的视觉魔术师，是大型公共雕塑的开拓者，是享誉国际的中国当代艺术家之一。代表作有"红孩儿系列""幸福生活系列""中国风景系列""牛气冲天系列"和"万物皆牛系列"等。二十几年来，先后参加过国内外100多次重要展览，曾3年入选雅昌举办的ACC中国年度十佳雕塑家，是第一个获得澳洲海岸国际雕塑展公共艺术大奖的华人。作品被中国美术馆、中央美术学院美术馆、美国休斯敦美术馆、丹麦国立当代美术馆、韩国国立美术馆、澳大利亚墨尔本当代雕塑博物馆、阿里巴巴杭州总部和上海金融街等几十个机构收藏。

2000 多年前，当古希腊哲学家泰勒斯被问起"什么事最难"，他答道："认识你自己。"这也成为千百年来人类从未停止思索的终极问题。而陈文令早在 30 多前就知道自己活着的意义："做艺术，我生来就是做艺术的。不做艺术，那做什么？！"

陈文令作为国内颇具标志性的雕塑艺术家，凭借他的"金谷溪岸"艺术公园再度成为国内外热度最高的艺术家。2023 年，在国内最顶级的设计师较量的赛场，艺术家陈文令的"金谷溪岸"项目令人意外却也众望所归的摘得了 2022 年度"陈设中国·晶麒麟奖"的重要奖项"公益民生金奖"。

"金谷溪岸乐园"

金谷溪岸夜景

金谷溪岸艺术中心

福建泉州，文化鼎盛，古迹遍布，是"海上丝绸之路"的起点。金谷溪，是福建晋江的西溪在安溪县内的支流，它穿山过岭，一路跋涉，静静流淌了千百年。但它被自己的子孙掘沟引流，据岸造景，还是史上第一次。2021年10月初，艺术家陈文令从北京回到家乡泉州安溪，每天带领十几个农民工和两台吊机，用了一万多吨的大小石头，建出了金谷溪岸，在造园过程中，陈文令既是出资方，又是设计方、施工方和养护方。这个26000多平方米的公园，不仅为他的老母亲和其他村里老人丰富了养老生活，同时以在地性的创作方式在乡村堆起一个充满乡间野趣的艺术公园。这个公园被称为"一个永不落幕的大地艺术展，一阵永不消失的乡愁"。它为当地百姓提供了一个生气勃勃的去处：高耸的现代雕塑形象或矗立在河中间，或坐在石头上，或蹲在河岸旁。这些形象夸张幽默的表情、特立独行的姿态，与附近走过的放羊老人、商贩、游人、村民形成了错位时空的交叉，既当代又田园，像一个自由的艺术乌托邦。

"我妈每天快乐无比，村里的老头老太都夸她儿子厉害。"陈文令说。

在农村长大的陈文令，从小就对泥土和树根充满痴迷，对大自然的热爱流淌在他的血液之中。陈文令觉得，一个理想的村庄绝不仅仅是外观漂亮，还要有丰富的精神内核，比如将传统民俗、地域文化等与现代生活方式相融合。见人、见物、见生活，才是一种令人向往的状态。

"人世间是没有垃圾的，放错地方才是垃圾，放对地方就是艺术品。其实人也是这样，要相信天生我材必有用，任何人放对地方，都有他的光芒。"金谷溪岸艺术园，正是这样一个让陈文令充分实践自己艺术梦想的田野。

福建省对公园给予了很高的评价，把项目评选为福建省十个乡村公园典型范例，旨在张扬艺术和文化的强大魅力：艺术一方面对本地民众进行了美学启蒙，另一方面吸引了周边大都市的游客。这一公共艺术项目的双重效果便初步实现了艺术家介入社会的目标。"没有人比我更了解我的母亲河，图纸的设计不一定能与实地符合，现场设计更能激发我的创作灵感。"陈文令竭尽所能完成这个国内独一无二的艺术公园，致敬他的家乡和母亲！这些项目后期将会移交当地政府管理，让这个艺术项目逐渐转化为社会和经济项目，并作为一个先锋和榜样，打开地方公众和政府另一种美学"乡村振兴"的思路。

金谷溪岸会客厅

金谷溪岸一角

《仰望星空》

《羞童》

《笑傲江湖》

《平衡之巅》

陈文令最初以"小红人"雕塑迅速成名。2000年他从厦门来到北京找了多家美术馆，由于没有人脉和资金支持，做展览的愿望破灭。后来回家一狠心把厦门的房子卖掉，做了100多件小红人雕塑，放在厦门的船上、沙滩上、草地上、灯塔上、树上进行展览。用他的话来说："其实是无可奈何，绝地求生，实在活不下去了，想着背水一战搞一场，没想到这完全改变了我的人生。"一不小心陈文令成为中国在户外做大型雕塑个展的第一人。他是视觉魔术师，更是大型当代公共雕塑的开荒者。他善于独立思考，雕塑作品风格鲜明，充盈着一种内在张力，表达出对生活的积极态度和对自身所处特定时代环境的深刻审视与独特体验。

《你看的未必是真实的》

后来在北京的侨福芳草地商场中心，很多人都看到了他的作品《你看的未必是真实的》，这也成为北京最受关注的公共艺术作品之一。中国美术家协会主席、中央美术学院院长范迪安认为，陈文令的作品精神独立、风格多变、天马行空、气势恢宏，他的艺术语言融合提炼了民间和学院、东方和西方、现实和虚幻等多种元素，深刻揭示了消费主义时代的人性、物性及各种异化现象和困扰。

《别开异境》之四

《长天秋月》

数十年来，陈文令的创作主题根植于中国和世界的发展变迁，对社会转型、财富和欲望、中外文化交流、传统与现代对话等主题不断发出拷问。艺术史学者和策展人吕澎将陈文令的创作历程概括为三大阶段——个人经验、人类欲望、共同体幻象。

"很多人比较喜欢躺着做梦，而我比较主张行动派，在奔跑中做梦，让自己的夙愿都浮出水面，摆在我的眼前，并乐此不疲。在我看来，生活真正的救赎，是在苦难和欢乐之中依旧能找到生的力量和希望。这也是我对艺术的态度。"

《共同体 3》

《万物皆牛》No.1

CHEN WENLING
被采访人陈文令自述

艺术溪岸 | 故土有情

所有的生命都应该有他们的家园和洞穴。

最近我在忙家乡的一个以石头为主题的公益作品——金谷溪岸艺术园。没有任何施工图纸，我在现场指挥着15个农民工、一台吊车和两台控掘机，因地、因材、因势展开工地作业，前后大概需要7个月甚至更长工期。今年是离开我的家乡的第37年，其实我在家乡真正生活了15年，这15年对我的成长影响深远。而最近20多年中，家乡发生了很多变化，农村几乎家家户户盖房子。与其说是盖房子，不如说是"种房子"：房子像庄稼一样长得越高越好。而一幢五六层楼的房子，又没几个人居住。高楼把村子四周的山脉都挡住了。肆意的乱拆乱建使故乡的人文历史、自然景观遭到断裂式破坏。我回到家，却找不到乡愁。

在建设的金谷溪岸艺术园周边

2021年我回家，看到妈妈住的房子——也是我出生时住的房子前边的河岸，开始修建三四米宽的人行道河堤。这使我陷入了深思——农村是否需要这种城市化的工程？这种四处充满水泥钢筋的城市化形式使人与自然，生物与自然间的联系完全断裂。把城市的模式完全植入到农村中，这不仅是粗暴、不礼貌的，更是对农村自然生态的一种破坏。另外它也不是一个亲水工程。我们家乡的石跳钉溪岸是有着两百多年历史的小渡口，这里有一块"土楼口石跳钉"石碑，是1977年金谷大队立的。它是在河道中有个斜坡，用石头手工筑成一条道路，上面的溪水哗啦啦向下流，很有节奏感，仿佛像是一台大自然的钢琴，弹奏出曼妙流动的乐曲。

我想如果不去做点什么，也许这段历史就有可能消失。因为这是我和故土之间与生俱来的情感。自古汉语中带有"母"字的词汇，都会让人产生敬意。比如祖国可以叫母国，母校、母亲河就更不用说了。我内心深处的乡愁促使我下定决心，亲手修造一个金谷溪岸艺术公园，算是留给故乡一份礼物。我希望我的母亲、我的父老乡亲可以惬意地漫步在艺术园里，仿佛走在昨日乡间的时光之中，让他们的晚年有亲情、乡情的陪伴。

经过与当地的政府沟通，他们给我两三百米河道，还有一片一百多年的荔枝林，让我自己来为家乡修造一个公益性的艺术园。我首先保证工程是亲水的，并满足防洪要求，在这个基础上用类似梯田的形式，借助石阶做一个景观，使得溪岸上可以坐人。我在河岸中造了很多窟窿，有的是留给青蛙、蛇、老鼠、龟等各种动物栖居，所有生命都应该有他们的家园和洞穴。我

陈文令在溪岸石头上雕刻各种鱼类造型

金谷田园

希望整个艺术园的一切设置都能符合人和各类动物的生存尺度。在我们的传统文化中,众生不是只指人,而是包含自然界的一切生灵。所有的石头都是以叠山造林的形式去落地,不是像之前那样画好图纸再施工。在我看来,石头是最永恒、最长久、最不易腐烂、最能抵抗时间的一种材质,比水泥、钢铁等材料要永恒,更适合乡村气质。我会创作一些在地性的雕塑,同时设计一些与当地生活文化、生活方式息息相关的物品,如沙发、秋千、椅子等。老家的乡亲邻里,可以在那里散步、晒太阳、听听水声、唱唱地方戏,进行一些民俗活动。

费孝通曾在《乡土中国》中写道:"在乡土社会,我们常常能听到'老祖宗传下来的传统'。"所谓"传下来"的办法,就是社会共同经验的积累,就是文化。它是由象征体系和个人记忆维护着的社会共同经验。我希望打造一条可以"永恒回归的神话",能够与我们的乡野自然景观相呼应、相连接,能够让人回归,成为一种民俗遗存。希望这段艺术河岸能够成为一种样板,能够启迪更多人来思考:我们与大自然如何相处?我们如何拒绝过度城市化的建设?农村应该有自己的腔调、底色、文脉,需要在地性研究。我希望这个公园成为永不落幕的大地艺术展,能够唤起每个人心中对美和艺术的向往,让人人都能成为艺术家。

对生命不妨大胆一点 | 因为我们终将失去它

苦难的生活经历，会对幸福更有感知力

从我踏入社会求艺，一路走来，酸甜苦辣、跌宕起伏都经历过。我觉得这是一种生命常态，社会上大凡有建树的人一生都是充满很多变数和不确定性的。我们的人生不会只有鲜花和晴天，这也是成为一名真正的艺术家必须经历的阶段。因为有苦难的生活经历，我们会对幸福更有感知力。我相信人在苦难的时候，对幸福的感受能力特别强。我的童年包括少年时代的坎坷经历，恰恰是我现在（甚至是以后）创作的巨大财富。我生命中这滚滚而来的热浪，这种旺盛得近似野蛮的生命力，很可能是对逆境的一种反弹。

我曾经因为忙于工作而忽略了自己的健康。生病后，才懂得关照自己的身体，因为还有很多创作还没有去实现。所以我必须健康，要更节制。但我就是停不下来，喜欢不断挑战，不断冒险，不断试错，不断做难以实现的梦。很多人喜欢躺着做梦，而我主张成为行动派，在奔跑中做梦。让自己的夙愿都浮出水面，摆在我的眼前。在我看来，生活真正的救赎，是在苦难和欢乐之中依旧能找到生的力量和希望。这也是我对艺术的态度。

在我看来，艺术家是精神和梦想的创造者：他们比较务虚，比较不合时宜，当然也比较独立和自由。有人问我，创作中没有灵感了怎么办？一位哲学家说过，灵感就像小偷，你根本不知道他什么时候来，什么时候溜走。灵感应该更青睐热爱生活、勤奋、热爱旅行、爱读书、爱观察、爱琢磨的人。这个灵感"小偷"会来到这些人的身边频繁一点。

陈文令书法作品《山水城市》

在我看来，一个人既要保有生猛的兽性，也要有温柔的人性，作为艺术家，还要多一份变幻无穷的魔性。我的创作在整体上是比较跳跃的，并不在意所谓稳定的学术脉络，而是在意创作每件作品的当下，自己是否有强烈的表达欲望与冲动。

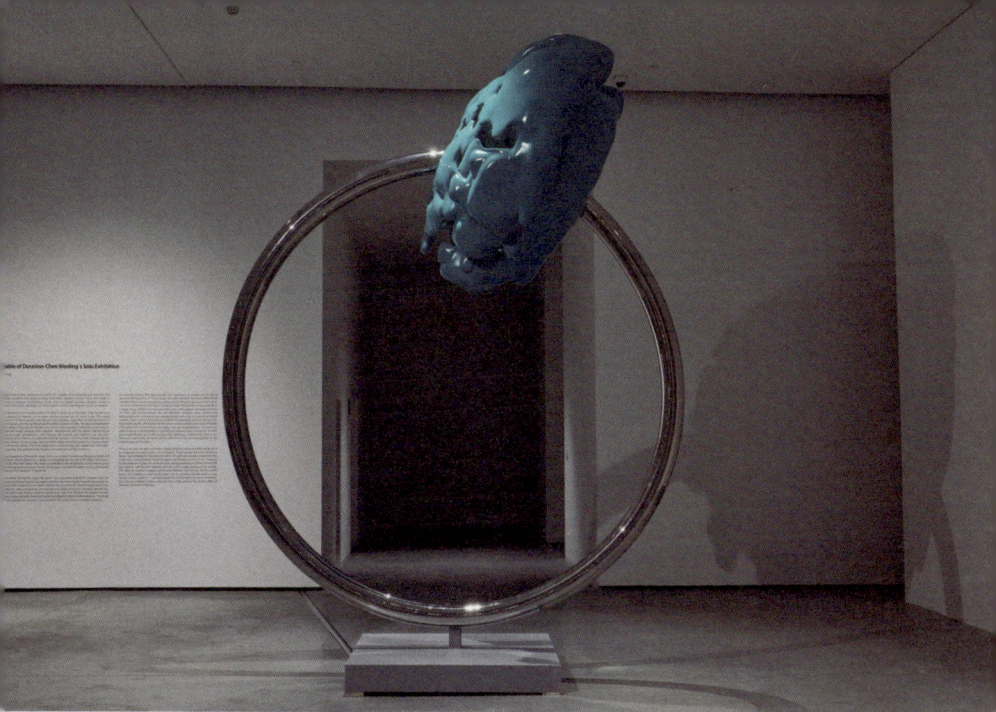

陈文令人文山水系列作品

在艺术这条路上，对我来说，顿悟、开悟很难，一生很难遇到几次。我没有给自己设定要做多大成就，我只想让自己安心。现在，我依旧很孤独。我经常处在人群中，但是很孤独。孤独是说不清道不明的。不可分享、不可分担的孤独是最深刻的孤独。我也经历过鲁迅所说的大梦初醒无路可走的孤独，表面看上去有着美好的生活、美好的艺术、美好的婚姻，其实内心也有着很多不堪、痛苦和挣扎。这其实很平等，孤独会伴随着每个人的一生。

工作状态的陈文令

艺术是热血澎湃的悸动·艺术是生活深处的双生火焰

艺术是孤独的产物，因为孤独比快乐更能丰富人的情感。

——罗丹

BAN RUOLAN

般若兰

山之秘境 与焦虑待在一起

画家·瑜伽行者·诗人

——

般若兰，画家、诗人、瑜伽指导、公益活动家，她的绘画和诗歌作品多次在中国、印度、欧洲的觉性教育和禅修活动中帮助人们进入寂静的神圣空间。般若兰女士的绘画将心中的山河大地、宇宙尘寰呈现于画作之中，体现了对自然的大爱。她的所有绘画都是当下最直接的自然体验，是能量的自然流动。她的双语诗集《空无之花》在世界范围内作为觉性教育的载体在流传。她的双语诗歌曾在《世界文学》上以专题形式刊登，并在年轻女性中广为流传。

她认为每个人的身体都是一座殿堂，里面潜藏着巨大的生命能量；每颗心都具有智慧和慈悲的种子，能够为自己和人类带来和平和爱。真正的健康生活是身、心、灵的圆满呈现，真正的大智慧来源于超越狭隘自私心性以后的无执大爱。

编者按

认识般若兰是 2011 年，那是在内蒙古锡林郭勒盟大草原的上都湖生态游牧场，一个有艺术家、艺术批评家、企业家、学者、媒体的沙龙非正式聚会。自由讨论在凌晨 1 点结束后，大家路过酒店大堂，只见瘦小的她正在与 3 位男士（分别是律师、社科院专家、收藏家）对话，他们在激烈地争论关于黑洞等物理现象的话题。她超强的语言逻辑、丰富的知识体系、自信的气场使 3 位男士很快就招架不住败下阵来。大家欢笑一堂，准备休息的人也被他们的话题吸引，忘记了时间，直到凌晨 3 点才各自回房休息。这一幕，给我留下了深刻的印象，直到现在回忆起来仍觉到她是拥有"最强大脑"的艺术家。

般若兰"山"系列油画作品

回京之后，我每年都会去她在北京的工作室，听她讲艺术、冥想、公益、瑜伽、唐卡……去她工作室的朋友有心理学家、疗愈师、企业家、社会活动家、科学家、公益组织代表、素食主义者和工作室附近的艺术家们，每一次都是一场欢悦的精神盛宴。她不喜欢别人给她定义，但是多元、开放、空无、利他的这些符号在她身上格外明显。

在这13年间，我见证了她工作室的多次搬迁。每次她兴致勃勃设计规划好空间，开始全身心投入创作，不到几年，就被通知要拆迁，这样建设、创作、搬家、再建设的过程反复多次。她却依旧每天开开心心地画画，乐呵呵地接受生活安排的意外"礼物"。有一次去新画室见她，她光着脚，一边刷墙，一边听音乐，画架上放着正在创作的作品。仿佛距离、麻烦、劳累这些负能量的词语在她这里找不到。每天感受到的是一个对艺术全无保留、充满热忱的孩童。

般若兰"山"系列油画作品

般若兰 "星空" 系列作品

般若兰在工作室创作

般若兰曾经是世界 500 强企业的高管，是叱咤商界的明星式人物。后来，一场疾病让般若兰开始探索身体与心灵的关系。她自己说："疾病是天使。"她开始了自我疗愈之旅：画画、冥想、写诗、做公益。经过不到一年的时间，她竟然奇迹般地恢复了。虽然疾病几次复发，但都被她柔韧的力量压制了，她一直健康地生活着。在我们看来，她是真正的生活勇士。

最近在她山上的工作室见到她，她的状态越来越好。在这个充满焦虑与不确定的时代，她就像一个遗世独立又大隐隐于世的生活行者，竭尽所能用她的表达方式去热爱着这个世界，也去真诚地帮助每一位有缘者。

于是我们有了这一期采访，希望她的生活实践能够和所有热爱生活的朋友碰撞出灵感。正如她在《空中之花》诗集中的一首诗：

With pure thought
We connect to our true original self,
To others, and to the cosmic truth.
We experience the interconnectedness of
all beings.

以纯净的心念，
我们与我们的真实自我相遇，
与他人相遇，
与宇宙的圆满相遇。
我们因此体验到生命本身的相联性。

被采访人般若兰自述

山之秘境｜走进很深很深的寂静

我在画画时，想描述的不是我看到的现象，不是白天黑夜，也不是山水，而是那种无法捕捉的、精神上的那份崇敬之心。

般若兰"山"系列油画作品

身在山中不识山，此刻我们在山中，是不是有"大自然消失"的感觉？其实大自然的力量就在我们心中，所以我绘画时更多地是表达心灵的力量。其实也不是表达，当我画的时候，它都在那里。所以，抽象也好，具象也好，都是精神的一个外延。在绘画中会进入很深很深的寂静。譬如我坐在这里，即使在说话，还能听到那份宁静。可能我就是山的孩子吧！画着画着我就进到自己画中。对于我来讲，无论画的是山还是水，我都没有写实写虚的概念。我在画画时，想描述的不是我看到的现象，不是白天黑夜，也不是山水，是那种无法捕捉的、精神上的那份崇敬之心。

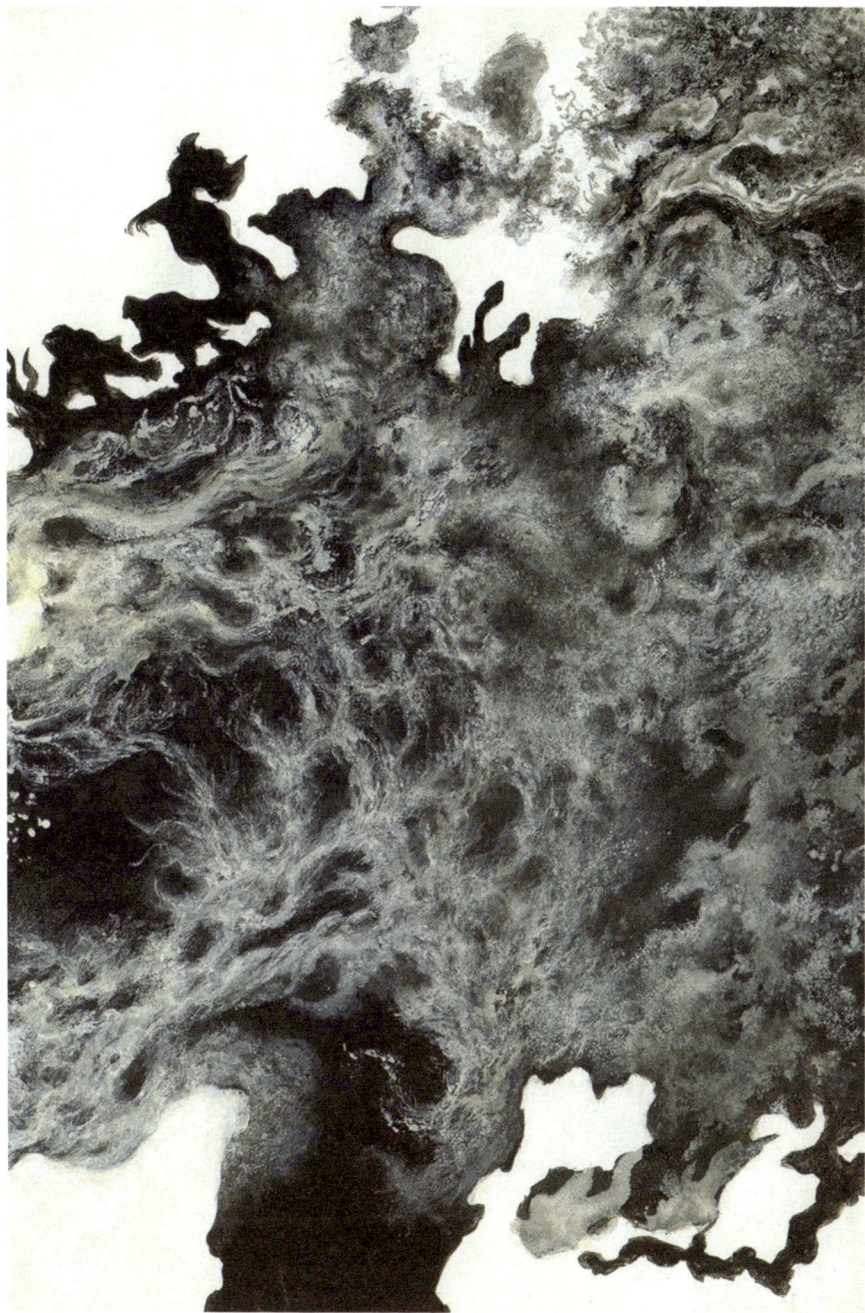

般若兰"山"系列油画作品

在城市里的时候，做工作，其实是一个异化的状态，更多的是思维、计划、筹措。但是到大自然中，你就在这里坐着就好。山也是这样，水也是这样，天空也是这样。它就在那里静静待着，但它具有了全部的信息。计划、努力，在自然的怀抱里都消失了。

画画时也是这样的，只要拿起画笔开始作画，无论画实画虚，人就消失了，只有那些色彩、画笔、形象可以带我走进很深很深的精神世界。那个世界是和你看到的有形世界完全一样的，丰满而丰盛。其实这个色彩很神秘，色彩本身就是能量，内心激情、平静、宁静、快乐、喜悦、悲伤……都跟色彩是对应的。

般若兰"山"系列油画作品

瑜伽行者｜与焦虑待在一起

瑜伽中无论是身体的锻炼还是静坐，它都是让你回到
内心的平静。绘画也是这样的。

心安静时，你所触碰的事物，你都会给它们传递一种寂静
的力量。如果感到焦虑，你可以想一切办法，去解决让你
焦虑的那件事，同时你要接受此刻自己的状态。

意识是完整而全息的。无论你做什么，它都在。你的心因
为行动而有所变化，情绪也在不断地变化，但是你是否体
悟到在这些变化中还有一份不变？那份生生不息的存在？
就如同我的绘画，每幅画都是心灵的变化，而那个心一直在。

大家经常会问：如何把心安静下来？怎么才能保持快乐远
离痛苦？其实这些问题所反映的是问者内在需要平衡的信
号。如果你渴望安静，这说明你的心过于忙碌。但如果刻
意追求那份宁静，你很难在工作和人群当中自在。然而，
通过觉察心的波动，练习抽离这份躁动，那么无论是在喧
嚣的人群中，还是独处时，你都会拥有一份单独的宁静。

般若兰练习瑜伽

般若兰作品

般若兰抽象作品

瑜伽中无论是身体的锻炼还是静坐，它都是让你回到内心的平静。绘画也是这样的。瑜伽、绘画、诗歌它们是互相滋养的一个过程。绘画创作是我意识的延伸。写诗是我最直觉的感受，它非常精准地表达了灵魂的诉求，和灵魂的那份喜悦。而且我喜欢写双语诗，在两种语言之间，更多地去体验语言背后的那份无形无相的精神。

生活觉察 | 做自由的你

> 那些曾经构成你的地位、名誉的社会角色并不是你，它们只不过是你在生命道路上留下的痕迹，真实的你远远超过这些。你其实具有无限的潜能和能量。

很多时候，我们所获得的地位和名誉其实不过是已经过去的角色扮演。社会任何角色也只不过是生命的表象。如果你始终抓住它不放，把它认同为自己，你就是它的奴隶。当你在已经拥有了一切并获得稳定的社会地位时试着放下这些，把自己归零，然后把自己放在完全单纯平淡的生活状态中，像一个天真的孩子那样去学习和探索，你会惊喜地发现：那些曾经构成你的地位、名誉的社会角色并不是你，它们只不过是你在生命道路上留下的痕迹，真实的你远远超过这些。你其实具有无限的潜能和能量。试着进入你不熟悉的圈子，试着扮演不同的角色又超然出来，并且在这些活动中学习观察你的心灵变化，你会发现你的心灵具有极大的可塑性。

般若兰抽象作品

113

人生是一个从学习、积累到服务和奉献的过程。在生命的早期，我们更多的是需要学习知识，积累经验和财富，构建我们的家庭和社会关系。然后我们会通过有利于他人的工作和社会活动使我们的经验和知识服务于他人。每一个有理想抱负，敬业又热衷参与社会活动的有识之士，一般都会在人生的中年阶段获得相当可喜的回报，在社会的不同领域成为精英和栋梁。

但是也有些成功人士恰恰是在这个阶段开始对自己的人生理念、价值取向产生质疑和反思，即遇到所谓的中年危机。不少人在经历过创业的艰辛努力而获得财富、地位、名誉之后，会发现这些与自己曾经努力追求的理想和事业的初衷似乎有所偏差，随之而来的是疲惫和失落感。但是成功的事业已经成为他们必须肩负的责任，或是形成了他们的生活的常规惯性。再加

般若兰抽象作品

上家庭及社会地位的牢固结构，大多数人在中年以后不愿意改变和脱离他们习惯的生活轨道。也有些人虽然有能力和愿望脱离这一切，去选择尝试一种新的生活状态，即使他们已经厌倦了习以为常的角色和圈子，但是他们也没有勇气再像儿童那样从零开始，去体验一种不同的活法。

对于我来说，生命最重要的莫过于每时每刻都活在鲜活的生命状态中，能够时刻以好奇的心去学习生命智慧，探索心灵和宇宙的奥秘，以充盈的热忱在社会活动中奉献自己的一切。正是这个生活理念支持并成就了我的过去。但是，当我意识到我曾经所处的位置已经不能提供这样的探索和实践时，我就很自然地做出取舍。也许这就是古人所云"宁静以致远。"

LYU SHANCHUAN

吕山川

艺术与我　皆为抽象

当代艺术家

——

吕山川，当代艺术家，现居北京。1969 年出生于福建泉州，1992 年毕业于福建师范大学美术系，1997年结业于中央美术学院油画系第九届研修班，2005年获中德文化交流奖学金赴德学习交流。

编者按｜喜欢和自己玩的吕山川

吕山川在中国当代绘画界产生重要影响是在 2005 年到 2010 年，其作品受到德国表现主义包括行动派的影响，他的绘画带有一些行动在里面，会用身体配合来完成一幅作品，希望观众看到的不单是一个静止的画面，而是在作品里面看到有动作的参与。一位英国策展人曾对吕山川说："你的画近看就像垃圾堆，但是一旦远观，画面的层次感和秩序都出来了。"这也是我们看吕山川的画时会产生的第一感受：饱含激情与动感的画面，隐隐约约的轮廓与造型。他仿佛隐藏在画面背后，让心与笔任意涂抹当下的那一股热气腾腾的情绪。

2022 年北京的冬天特别冷。吕山川的新画室位于吴庄一号，走进他的工作室，一个巨大的火炉放在中央。画室空间布局清晰，一半是当代的油画工作现场，一半是中式风格，有道光八年翰林院给考生的鼓励"竹芳节劲"匾和茶桌。"竹未出土便有节，身含劲节，虚怀若谷，心生敬仰之心。中国传统的经典文化是根植于我们身体的血脉之中的，无论身处何时何地都是滋养我的智慧。"这块匾是工作室几经拆迁一直留存下来的。他品着茶，双眼凝视着匾，言语间充满遗憾和不舍。"在 3 年之内搬了 4 个工作室，虽然每次都很折腾，但是我觉得画画就是要折腾。有时候改变一个环境，对我的画面会形成一些新的刺激。"

吕山川吴庄一号工作室一角

在其他人眼中，艺术家的生活总会带有一些神秘色彩。当我们以为艺术家在以另类的方式消磨着时光，他们却总可以在生活中找到与创作的关联。"我不喜欢漂亮的画面，我更愿意追求画面上透着沧桑感。"他喜欢在深夜作画，并且有一段时间他把深夜自己一个人作画的视频记录下来发在朋友圈。他万万没有想到这种简单的"行为直播"，竟然治愈了很多晚睡的人。一个火炉、一盘花生米或一块奶酪、一瓶红酒是他晚上创作的必要配置。创作时吕山川会保持一种比较兴奋的状态，兴致浓时

甚至直接用手抓着颜料往画布上涂和摔。"我喜欢一个人在画室，这是我的精神领地，也是艺术乐园，这里没有时间概念，身体内有无限的能量让我不断思考，不断去实践。我很享受和自己玩，和自己较劲。"

他喜欢骑马、骑摩托车、拳击。"有时候需要'速度'的刺激，身体的能量太足，没有消耗完，会觉得难受，需要通过运动释放一下。大脑暂时获得了解放，身体和思维状态都处于虚空。"

吕山川吴庄一号工作室一角

范迪安在吕山川"事件"主题展上曾经这样评价他："毫无疑问，吕山川是一位具有极高的绘画感悟力和表现能力的画家。在当代艺术整体形态走向综合媒介运用的时代，他坚信绘画这种最基本的艺术语言仍然具有表达当代主题的价值，但他同时也知道必须为绘画注入新的生机，从而使绘画具有足够的与其他媒介在视觉上抗衡的魅力。因此，他在运用绘画语言进行艺术表达时融进了绘画的观念性表达。"

拥有扎实的学院派风格的吕山川，现在绘画风格越来越抽象："对于一个艺术家来说，一幅画，是他的全部人生经历。其实我的作品中每个阶段、每种视觉表现形式，都是我对社会、生活当下的思考痕迹。也许我的画最后只剩下色块和线条，连'我'也不复存在。这是一个艺术家不断探索自我与世界关系的一种尝试，与老子的'大道至简'、释家的'梦幻泡影'异曲同工，只是我还在路上，还没有到达自己理想的艺术状态。"

存在即虚无 ｜时代情绪与痕迹的影射者

它不单单是一张画，它与当时的社会背景仍旧保持着一种关联。

我的绘画之路经历了从国内到德国的环境转换，从《事件2008》中形式上的"转译"到《广场》的社会风景再到今年的《见所未见》，我的作品经常表现一种社会性和史诗般的场景，其实某种意义上跟德国新表现主义有很多相似的地方，自然而然地会被他们的作品所吸引，你会向他们的精神靠拢，这是不可避免的。因为绘画发展到今天，很多的形式都已经出现过，我们只能从这么多的形式中来寻找和自己契合的、能代表自己的形式来表达。当然，德国很多艺术家对我的影响是很大的，比如说巴塞利茨、基弗等。

《雪山》

大家一直困惑，为什么我在一段时间内喜欢以广场这样的公共性空间为创作主题。画广场是因为这个场景吸引我，那种宏大的气势、磅礴的现场感吸引了我。我借用各种的新闻图像取得素材，对我们来说，广场不只是物理意义上的空间，其实它背后还隐藏了很多我们感受不到的力量。

诚如策展人何桂彦先生所言："没有纯粹的风景，只有不同时空与文化语境中的风景。与自然风景不同的是，所谓的社会风景便是将自然社会化，将风景社会化。而作为景观的社会风景，在于艺术家的创作并非去描述一个单纯的场景，而是将其放在社会学的视野中予以审视。从这个意义上讲，风景也只是一种表象、一种通道，叙事则隐藏在表象之下。"

《科隆1》

我画画时面对一块空白的画布，有时候想得太多，那些标准和规范会跳出来制约我，那些美术史上的经典也会跳出来制约我，所以就只能先去打破一些东西，才能从这些制约中突围出来。不破不立，破坏是为了更好地建构自己。

我在创作中不会太刻意去预设。我经常会有一些预设，但是我在实践的过程当中还是存在一定的偶然性。比如在提前预设好的道路上前行时，可能遇到了更好的方向，就会转向和调整。我自己的感受更深刻，但是观众很可能会认为是一样的，因为对于每个艺术家而言，创作上的小变化都是很不容易的。

《虚拟的真实 No.9》

《虚拟的真实 No.1- 仿费希尔》

《虚拟的真实 No.4》

《虚拟的真实 No.5》

《漫艺术》曾经采访过我，问了我一个很多人都在关注的问题：这种厚涂和堆积的画法是不是我比较喜欢使用的技法？其实我并不是刻意地追求颜料的厚度，因为我只有这样画才能表达出我想要的效果。有时我也不想画那么厚，太沉了，很不方便。我最近的画已经在"偷工减料"了，我想画得稍微薄一点。但是这不是最主要的问题，我觉得绘画的厚重感不仅仅因为画得厚，主要还是因为画的内容和精神厚度。当然，我不排除材料对绘画起到的作用，因为材料也是绘画的一部分，只是我不去刻意强调它。至于说别人看到我的画，会把注意力都放在厚重的颜料和肌理上，那么也无所谓，每个人都有自己观看的方式，有不同的兴趣点，怎么观看都不是问题。

《景观 No.9》

生活的镜子 | 孤独的艺术行者

艺术家大多时间需要独处

在绘画中，我始终是在表达我自己。虽然画的是人群，是广场，是池子里的鱼或者开满墙的花。我只是依托它们画我自己。我有一些经常画的题材，比如说广场，但是不同阶段的广场是不一样的。不同时间、不同地点的广场代表的是我当时的心境和情绪。我不喜欢太圆熟的东西，我喜欢生涩，因为只有生涩才能生动。所以我会警惕太容易实现的东西，但是我不会刻意地

追求生涩。因为比起圆熟，绘画最怕刻意，刻意就会很做作，就不再是你自己。

当代艺术实质上更多的是反映当今社会现象和全球化的一些相关问题。而在国内，这些问题的表达和国际上略有不同。当代艺术的出现使得艺术创作的媒介变得丰富起来，也拓宽了人们对美的认知。在当代艺术的发展中，我们应该尊重不同的声音、

吕山川绘画作品局部

不同的观点，这才是对当代艺术的发展最好的选择。

譬如，每个时期的绘画都在变化，每个时期绘画也都会面临着它的危机，其实架上绘画的价值就在于它一直是变化的。例如在 20 世纪初，梵高的画是很前卫的。但今天我们看梵高的画，它已经很古典了。所以绘画是不可能死亡的。只要有人类存在，绘画都不可能消失的。作为我个人还是更喜欢绘画。我的绘画更想让大家看到的是一种情绪的传达。画画对我来讲很痛快，我一定要干让我痛快的事。画画的时候，我会有一种很兴奋的感觉，如果这张画我画得很痛苦，也就没有意义了。

吕山川在自己的工作室

在我看来，真正热爱艺术的人，都是孤独的行者。罗丹说过："艺术是孤独的产物，因为孤独比快乐更能丰富人的情感。"在我看来，绘画只忠实于自我。艺术家大多时间需要独处，而不是成为社交家。有的朋友说他坐禅一天感觉只有 5 分钟的光景，而我在画画中也能体会到那种状态。每位艺术家的作品最终画成那样，是有一定的因果的，因为艺术的极致就是信念。

HE WENJUE

何汶玦

艺术就是好好生活

当代艺术家

———

何汶玦，当代艺术家，1970 年出生于湖南，先后毕业于深圳大学艺术设计学院、中央美术学院第九届油画高研班、吉林艺术学院。中国美术家协会会员，中国油画学会会员，湖南省油画学会副主席，北京当代中国写意油画研究院研究员。目前工作、生活于北京。

参加展览有：堪图术 - 上海个展、Frank Schlag 画廊个展（德国）、流动的光影——新加坡个展、水·波光流影（泰国）、第 9 届全国美展、第 10 届全国美展、中国油画大展、第 4 届雅加达国际当代陶瓷双年展 / 印度尼西亚国家美术馆、第 6 届西班牙玛拉特克西国际陶瓷双年展、第 36 届拉尔科拉国际陶瓷展（西班牙）、世·象——中意艺术家联展（意大利）、南京国际美术展、第 2 届中国油画双年展 / 中国美术馆、首届中国新疆国际艺术双年展、第 9 届佛罗伦萨当代艺术双年展、0SEA OF PEASE——中日韩当代艺术展（韩国）、面孔与人物（德国）、东边——当代艺术展（德国）、Vanhaerent 美术馆收藏展（比利时）、中国欢迎您——当代艺术展（奥尔登堡市立美术馆，德国）、生命之欲·死亡之舞（KREMS美术馆，奥地利）、第 24 届亚洲国际美术展（吉隆坡国家美术馆）、第 4 届成都双年展、都市中——中国当代艺术选展（美国华盛顿）、2008 中国当代艺术展（韩国国家美术馆）、第 7 届上海双年展、2008 奥林匹克美术大会（国际展览中心）、15 位中国当代艺术家瑞士季节首展（瑞士）、浮游——中国当代艺术展（韩国国家美术馆）、今日中国美术大展（中国美术馆），中国当代艺术展（歌剧画廊，巴黎＆伦敦）。

编者按

在 20 世纪 90 年代，何汶玦创作了"水"系列作品，出色表现了水的无常形态以及人在水中无法自控的失重感，影射了人类身处社会不受控的命运，从而确立了自己在当代艺术界的地位。进入 21 世纪，2011 年创作的《盛世晚宴》让他在时尚与艺术界名声大震。后续他从油画延展到雕塑、陶瓷、装置、书法、篆刻等，以玉石为主要材质，在轻雕塑和综合材料创作中，进行了漫长又高频的探索。在这个过程中他去感知、实践、创新、颠覆、遗忘、刺激、审视、批判、坦然，最终又回归自然，回归自己，回归生活。

何汶玦在北京宋庄的工作室

2022 年 12 月，我来到了何汶玦在宋庄的工作室。这是一座高大的白色建筑，面积超过 5000 平方米，一层中央设计了一个长方形的水池，里面红黄相间的锦鲤自由自在地游来游去。"我没事的时候，一个人会坐在水池旁边待很久很久，内心特别平静。"一楼是书法创作区和一些带有观念性、实验性的综合艺术装置，二楼大多是油画和雕塑作品，阳光可以直接从楼顶的玻璃窗照射下来，洒在二楼翠绿的白菜雕塑上面，闪闪发光，宛如神来之笔。三楼是他创作油画和雕刻的地方，还有他自己收藏的部分艺术品。站在工作室三层俯观整个空间，感到宽阔、明亮、寂静，这

《日常影像 - 马尔代夫》

里不像是工作室而像是他个人的博物馆和精神栖息地。

"我的创作就像作家写日记一样，绘画是我的记录方式。我不喜欢旅游，也不喜欢写生，路过什么地方，看见什么事情，有一丝触动便随手拍下照片，最后将它"转译"到画布上，一幅作品便成立了。"何汶玦的作品题材分 4 个阶段：水、看电影、肖像、日常影像。这都与他的生活自然关联。

何汶玦属于那种第一眼看上去"孤傲"的艺术家。他从小家境优越，在追求艺术的道路上没有像很多人那样困难重重。从 5 岁开始画画，艺术已经是他生命的一部分。何汶玦童年最喜欢的事就是看电影。受母亲画电影海报的影响，何汶玦觉得画画是他一辈子要做的事，但他不认为这件事有多么"崇高。"用他自己的话说："艺术真没那么伟大。"他的所有创作都与生活息息相关。他把自己比作工人，尽量将作品制作完美，但往往只能达到心中 50% 的水平。艺术是没有答案的，即使有也是在自己心中，无法用语言表达出来。每画一幅作品，会有遗憾，也会有惊喜。

余丁在《从电影影像到日常影像》中谈到：何汶玦从电影影像到日常影像的转向，也是语言的转向。艺术家对画面的破坏，既是对原有叙事逻辑的解构，又是出于对油画语言的迷恋，那些被刮刀刮到画面边缘的厚堆颜料，记录了曾经的叙事建构过程，而被刮过后的残留画面，则试图摆脱既定的图像描述表达逻辑，进入一种图像之外的油画语言状态。

"我不介意用艺术赚钱，如果一个艺术家不想赚钱，那说明他在说谎，至少不诚实。"从具象到抽象，从绘画到装置，从20世纪90年代到现在，何汶玦一直坚持探索他心中的艺术"大器。"他的创作语言历经了多次变化与重生。在他"顽童"般的戏言和爽朗笑声中，我感受到的是一个历经岁月沧桑却始终对艺术保有赤子之心的新灵魂。"艺术不是神秘的，先学会好好生活。"

《三百六十行》

HE WENJUE
被采访人何汶玦自述

很多美好的事物背后，其实全是悲壮。

在艺术创作中，我尊重一切自然规律。我时刻在关注着环境、文化、医疗等各个方面，我力图对现实生活中的问题进行全面的思考和揭示。我常借助现成品的利用和对材料的转换来揭示或提出某些存在的社会问题。我个人比较喜欢将华美精致的材质运用到创作里。我喜欢严谨的创作态度，这种严谨包括我对于材质的挑选。我的作品中用到的材质通常是汉白玉、黄金、琉璃、玻璃、青铜、不锈钢、陶瓷、大理石等。

我对作品材质的选择与展览的主题有深层次的因果关系。我利用这些材质表达我对于生命、社会、世界的理解，以及我对于眼下社会现实的矛盾态度：一方面我是一个极度理想主义的人，对人生充满着幻想和希望，而另一方面在面对现实世界时，我告诉自己要接受所有和我想象中有偏差的事实，即便时常会感到失望不已。（摘自"艺术国际"何汶玦自述）

左：《丰碑》　右上：《生命几何》　右下：《金木水火土》

尼采说过：当希望变得简单时，美的和有价值的东西才会出现。艺术创作具有冲动性，我是个行动派，很少深思熟虑后去完成一个创作。所以我不会对自己的作品留有遗憾。我们生活在一个商业社会中，人类文明是在一个交流过程中逐步延伸。艺术作品也是一种交流媒介和方式。我觉得所有的艺术家都在发现和提出这个社会上的问题，但是不能解决问题。解决问题是政治家的事。尤其当代艺术着重反映社会现实，但能不能推动社会发展，这个就不知道了。

我的每一件作品，我都会写一段文字进行解读，大家看到就一目了然了。艺术创作很多时候是一种概念，你要展开你的思维去想象，而且看我的作品，在了解我的创作主题后就比较好理解了。很多美好的事物背后，其实全是悲壮。

工作状态下的何汶玦

最难的是那1%的突破

画面中水的光影表达出一种随时出现又瞬间逝去的希望，我所想表达的就是这种永不停息的人类精神。

我是一个爱幻想的人，我的理想目标就是让我创作的作品进入美术馆的收藏，能与全世界的观众产生互动。我会在有生之年为之努力，并一直热爱这个美好的世界。我说世界美好，并不是说这个世界只有美好的事物，它当然也有瑕疵。正是因为世界不完美，所以我更努力地创造理想中的美好。

也有人问我：如果不做艺术家会做什么？我想说的是，我的生活没有"假如"和"如果"，"假如我是毕加索"没有意义。我有些作品是留给自己的，不是一定要卖出去，不一定让别人看懂。我的朋友曾认为，我有了房子、车，大的工作室，好的艺术声誉，他觉得我很"成功。"但我觉得这是世俗价值观的"成功"，很"浅。"但这些在现实生活中也很重要，但不是我的理想。我理解的这个"日后成大器"，其实和金钱、房子等物质条件没有关系，是我自己内心深处的一种情怀或许是一种艺术理想，是自我设定的一个"虚幻"目标。这个目标看似很近，已经完成99%，那1%的突破最难。但是我不会放弃的，借用古人所说的：路漫漫其修远兮，吾将上下而求索。

《美丽人生》

《水》

何汶玦"日常影像"系列作品《甘肃酒泉》

我喜欢水作为自然界元素之一所具有的独特魅力。它是万物之源，代表着生命与希望。它的灵动、飘渺和对光线的演绎都深深吸引着我。它的流动性和印象派对光的演绎有异曲同工之处，都有时空的因素在左右着这种瞬间的美。我喜欢水将光线升华得更绚烂更丰富，有一种如钻石般夺目的美。在我的创作中，通过描述各种人在水流中的扭曲形态，揭示出当代社会中不同的人在不同的生活激流中迷失，但仍然奋进、仍然积极寻找生存方式的状态。画面中水的光影表达出一种随时出现又瞬间逝去的希望，我所想表达的就是这种永不停息的人类精神。

《世贸天阶》

我的朋友段君对我的《日常影像》做了最客观的表述："它极具现实性，清晰却又模糊的笔触刻画了一幕幕鲜活的场景，并且显现出运动着的、无止境的质感，仿佛能感受到明媚午后的气流、微微拂过的绒毛、坚硬的水泥地、凝固的冰冷空气、胡同里的煤烟味儿、电影院里爆米花的浓香、小河沟的死水正在散发的阵阵恶臭、台球厅中弥漫的香烟，以及演唱会散场后留下的汗味，甚至还可以捕捉到水果摊后面堆叠的纸盒子的味道幽幽地从清香的果子味中弥漫出来。"也许今天的时代正是费尔巴哈所说的时代——符号胜过实物、副本胜过原本、表象胜过现实、现象胜过本质的时代。《日常影像》不是日常的补充，而是一种幻象，是现实社会中幻想或非现实的核心，以至于非现实成为现实的出口。东欧哲学家卢卡契曾言："人在日常生活中的态度是第一性的，人们的日常态度既是每个人活动的起点，也是每个人活动的终点。"我们真实的日常生活只不过是更加真实的《日常影像》中的生活，虽然日常的影像不会幻灭，但至少说明我们个体的生活至今尚无历史。

《博物馆》

《青岛游 No.1》

《孔融让梨》本是一个关于四岁孩子懂得礼貌谦让、体恤亲长的故事，在主张人性本善的《三字经》中，这段故事流传了700余年。我在做这组作品的时候反其道而行之——特意让最大的梨被咬掉了一口。其实作品本身已经跟古老的道德教化故事没有关系，它仅仅是为了引发一种思考：在现实中，面对无法均等分配利益的情况，有多少人会发自心底地谦让？又有多少人会去争取利益最大化？

《江湖》中的数十种手势指代的是从古至今的流行文化符号，人们通过约定俗成的手势传播某些心理共识，让它变成了符号。所以不同的文化背景下，手势的象征意义也会有所区别，但在如今全球"共同体"的背景下，它们的含义也开始渐渐趋同。所谓"江湖"本身指的是一个没有明确秩序和规则的世界，它拥有自己的一套运行法则。有人说过"有人的地方就有江湖"，当大量的文化符号已开始在世界范围内滥

觞起来，此时的世界也就是个大的"江湖。"

中国书法是书写汉字的艺术，也是中国特有的一门艺术。书法史上最动人的作品往往是随手而成的书作，具有天然本真的美感。书法这门艺术的特征由"汉字"与"书写"两部分组成。汉字是书法艺术的造型依据，而书写是书法的魂魄，书法的美感亦可从这两个方面来体察。书法的外在形式美来自汉字形态。书法的内在美韵来自书写的笔力、笔势。

"笔迹者，界也；流美者，人也。""书则一字已见其心。"我们欣赏书法美，还须超越书法的外在样貌和书写的"笔力""笔势"，深入书法家的内心世界，所谓"玩迹探情。"所以欣赏书法美的最高境界是"惟观神采，不见字形"，犹如庄子所谓"得鱼忘筌。""神采"是书家在书作中显示的精神风采，因其生于用笔，只有"深识书者"才能感知。

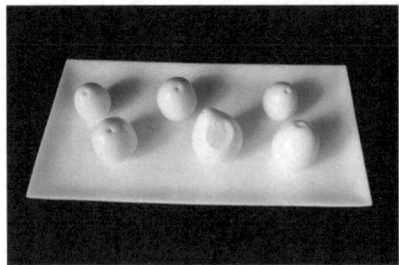
《孔融让梨》

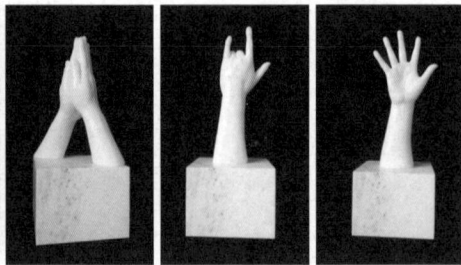
《江湖》

《江湖》

何汶玦书法系列作品

WANG XIAOBO

王晓勃

造光者的童话秘境

当代艺术家

——

王晓勃，自由艺术家，2000 年毕业于中央美术学院油画系。现居北京。主要展览：2013 年 Time Gallery 个人展览（纽约长岛），2016 年北部艺术区文献展（德国汉堡），2018、2019 年 Art Future Gallery 画廊个展（中国香港），2020、2021 年大隽画廊个展（中国台湾）。

编者按

毛姆曾说，世界上只有少数人能够最终达到自己的理想。王晓勃无疑是这少数人中的一个。他从小就接触绘画，在北大的未名湖畔写生是他童年时期最快乐的记忆。除了旅行、见朋友、寻找创作灵感之外，其他时间王晓勃都待在自己的工作室。"一直画画到今天，我觉得生活是假的，像是一种虚拟的人设。反而绘画是真实的，不会骗人。方寸之间的画布上，每一笔涂抹都是绘画带来的真诚。你要付出很长很长的时间去耕耘，如果你不是真的热爱绘画，根本坚持不下去。"在王晓勃看来，太多的艺术家孤独地待在自己的工作室中，每天都和自己较劲。70后的他觉得作为一位职业艺术家将毕生的时间花费在工作室是心甘情愿的。每一个作品相当于自己的"孩子"，他只希望"孩子"健康和快乐。

王晓勃的绘画有一种梦境感，画面背景与观众内心互为镜像。每一个人都能在他编织的梦境中找到自己遗失的情愫。肥硕的女人和拿着手电的男孩貌似活跃，实际却并不是画面的主角，他们只是一个个故事拉开帷幕的一个线索，带动着每一位观赏者奔赴一个个充满趣味的秘境。

《寻找光明之路》系列之一

《沉浮》No.86

《寂寞的台灯》

《若如初见》

早期，王晓勃以人作为创作主体，变换不同的场景来表达对人性的探讨，放大了个体对于社会问题的思考，以小见大地体现了艺术家的人文哲学和艺术格局。他觉得自己内心偶尔仍然充满孩子气。这种"小孩儿气"大概是认清自己对艺术绝对赤诚之后的一种松弛感，为不断发现新的创作灵感提供了一个快乐的场域。

美国芝加哥美术学院教授 Benny Lee 曾评价王晓勃的作品："（王晓勃的作品）总是让我感受到一种叛逆精神，这种叛逆一直在他精心控制的范围内。看了他的作品，我并不觉得具象绘画早已死亡，相反，让我更加期待他的一个又一个裂变。"艺术家姜淼也说："他是我见过对艺术始终如一的艺术家，充满着创作热情。"在王晓勃的艺术中，具象并非对现实画面的冰冷呈现，而是蕴含了自己的观点，有着艺术家思考的温度，是一种具象中极具抽象概念的反思，有时代特征的影子。

《午后时光》

《两个人的世界》No.1

《两个人的世界》N.O2

对此，王晓勃说："从一个人的独立思考，到两个人的恋爱，再到孩子们组成完整的家，我的艺术创作内容方向一直伴随着生活带来的启发而发生调整。每个阶段都是纯粹地表达当下与生活的连接与反射。经过时间的叠加和不断探索，最终形成现在自己成熟的艺术风格。我还是希望做一个偏重知识分子角色的艺术家，而不做太过于商业化的艺术家。这好像说起来很清高，但这是我的理想。

《颠倒的女人》

《伤逝》

WANG XIAOBO
被采访人王晓勃自述

在艺术中抵达自我

每一位艺术家都要经历
自我追问、自我求知、自我抵达的过程

我出生在北京，由于父母是北大老师，我的童年时光大多是在北大校园度过的。自然、无拘无束、有很多的自由表达空间，这是我对童年最深的印象。伴随着社会经济文明的不断发展，当代艺术的价值观也在变化，在这样的时代浪潮中，我对架上绘画的热爱依旧有增无减。我的艺术风格也经历从写实到观念、写意的演绎过程。正如国画大师齐白石所说："作画妙在似与不似之间，太似为媚俗，不似为欺世。"这大抵是每一位艺术家都要经历的一个自我追问、自我求知、自我抵达的过程。

《寻找光明之路》No.16

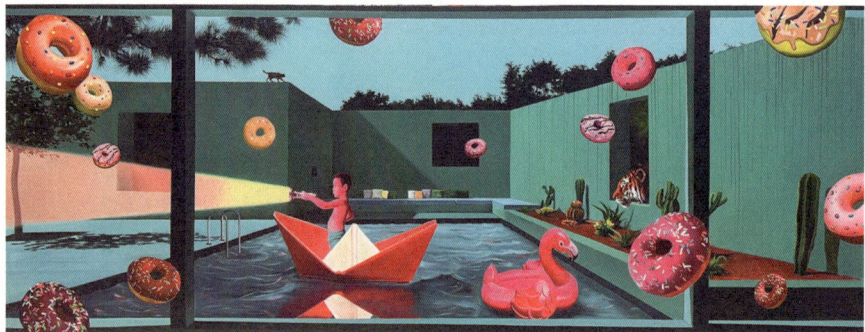

《寻找光明之路》No.7

毕业于央美油画系使我最初对肖像或者具象的东西都有一定的情怀。我早期创作了一些具有写实肖像感的作品，譬如《颠倒的女人》《伤逝》等。那时人文性的想法很多，但发现画面缺少当代面貌。在后来，我理解的当代艺术，是首先要在前人已有的思维方式上有新的面貌，所以就选择弱化了原有的巨大肖像感。比如说，以前画面上是个比较观念化的大胖子，虽然现在也是，但胖子变小了，色彩语言上的表达占据整个画面多了一些，还加入了一些不同主题的场景，让画面更有叙事性。我由此演变出了今天的绘画方式，形成了属于自己的绘画思想。

《寻找光明之路》No.1

《寻找光明之路》No.11

弗朗西斯·培根说："要寻找自己，就要在最广阔的自由中漂泊。"我想我在艺术中已经找到。从绘画逻辑上看，每一位艺术家都会从青涩到成熟，从繁复到单纯，绘画逻辑的成熟坚实是至关重要的。我认为架上绘画的魅力之所以长久不衰，始于对视觉的一种"品"，画面中物象的表达和形与意的研究是我的绘画方向。释放心灵自由和深邃，让精神传递走向极致是我所擅长的，这也是让自己内心安宁的一片净地。

人生其实是虚无的，并无意义。但恰恰是我们主观的独立思考，我们的意识，决定了我们需要一个怎么样的状态走完这一生。这几年，我发现人们更重视幸福指数和内在自我的觉醒。童年是孕育我们身心成长的精神摇篮。阿德勒曾说："幸福的人用童年治愈一生，不幸的人用一生治愈童年。"很幸运，我有一个快乐的童年。以前我喜欢通过画人、画动物表达生命的状态和人性的多元，在最近作品中，我开始尝试以童年的玩具为载体，赋予它们思想和生命力，来诠释人与物的情感连接、人与社会的深度黏合。

《呼吸》

148

《寻找光明》No.82

在绘画语言和技法上，写实与抽象结合，水的动感与面具的静止相呼应，蓝色的梦幻与黑色的现实相遥望，《呼吸》用星球大战中达斯·维达面具和气泡元素来表达呼吸，它隐喻了当下社会上人们潜意识喜欢用自己期待的角色在生活中去体验，做自己、表达自己。《莫奈的后花园》中，哆啦A梦的头部游向自己的身体，表达我们在现实和理想之间经历过懵懂、冲突、忍让、对抗、分离、和解，最终又回归本我的一种心境。"分久必合，合久必分"，从宏观来看，人、物或事情的发展分分合合拥有一定的必然性，是事物发展的规律和恒定逻辑。我们不要被眼前的困境束缚了自己，不能相信当下的困境就是人的一生。每个当下都是人生的一个片段，要保持热爱，回归初心，拥抱生活。

《寻找光明》No.69

绘画表达上，在以往的作品中成为系列且延续下来的分别是《寻找光明》和《沉浮》系列，这是我早期作品《颠倒的女人》中对人性剖析的一种延续，是当代生活的缩影的一种艺术呈现。这两个系列可以说诠释了我的人生态度中的人文情怀。"寻找光明"是以年长者的角色去试图觉察孩子在成长中感受到的生命奥妙和求知欲望，而"沉浮"则体现的是个人情怀在现实社会中的一种呈现，阐述对人生中不同境遇之下的灵魂意志的倾诉。

《寻找光明》No.27

《寻找光明》No.30

寻觅远方 | 小红人在路上

其实人这一辈子也是在寻找生活之内本自具足的状态。

我有两个小孩，他们在长大的过程中会有各种各样的奇思妙想，他们天天在向我发问。他们对世界的好奇和不停的"为什么"打动了我。其实这也是一种"寻找"：寻找真理或者寻找更纯粹的意识状态。这和我的生活息息相关。我通过他们想到了我自己，其实人这一辈子也是在寻找生活之内本自具足的状态。这种寻觅大多发生在内心心理活动之中，只是很少表露出来。我通过《寻找光明》这个创作主题不仅尝试突破新的绘画语言，也传递出自己的艺术思维方式和生活态度，并且通过艺术的方式，记录或者见证意识从萌芽到成熟最终又回归母体。

《寻找光明》No.2

《寻找光明》No.84

在具体创作中，我尝试用孩子的视角，采用高饱和度的色彩，绚丽中又蕴含著宁静。小红人一直是这个系列的线索，寄托着我对希望、真理、光明的一种渴望。比如画面中的纸船代表一种童趣，是超越现实的一种想象，使画面更有轻松感。有的画面中甜甜圈与家庭室内环境有所关联，气球与室外娱乐氛围产生了互动性。每一个印迹都是在无意有意之间出现在画面中，这种合理又意外的构图，会给人带来一种新奇感，这也许是我对生活的一种理解：保持热爱，在稳定中寻找变化，从而发现趣味。

回顾我们走过的路，每个人心中都有属于自己的光。人生的道路崎岖难行，但唯有经历过混沌黑暗的过程，才会懂得珍惜光明的可贵，而那一线光明，也往往是身旁那被自己忽视已久的珍宝……在我看来，小红人是我的孩子，是我、是你和他。从小红人身上每个人都能找到属于自己的影子。未来，我想在"寻找光明"这个系列找到一个新的元素，将其转化成一个新的方向，成为未来10年可以不停探索、创作的主题。

《沉浮》No.3

沉沉浮浮 | 生而有梦

精彩的作品恰巧是要去突破那种掌控
在掌控与出圈之间的平衡点是比较理想的

我高中读的是北京市工艺美术学校平面设计专业，所以我的作品多少受到那时候教育的影响。1990 年开始，包豪斯风格和蒙德里安的构成主义、立体主义等就融入我的血液里了，为我后来的创作埋下了伏笔。我在几年前的一个

《沉浮》No.11

采访中曾谈到：作品的当代性应该在哪儿？我一直在挖掘所谓当代面貌的一个主要特征——色彩的构成。当然，古典绘画里的色彩理解和当代人对色彩的理解是不一样的，可能我现在的创作对色彩语言的表达更为主观，更贴近我认为的当代性。从我这个人的性格来说我更愿意以自己可以掌控的状态去创作，但是从实践结果来看，最终精彩的作品恰巧是要去突破那种掌控，在掌控与出圈之间的平衡点是比较理想的。

在我看来，艺术的作用是给社会的人们带来一些反思和对心灵的启迪。在《沉浮》中我想用胖子来体现人在拥挤的社会中的一种生存状态，用胖子隐喻对社会的期待，以胖子的诙谐笑看跌宕起伏的人生。我想表达的是更广大的一类人群，让他们成为一种社会的符号，让大家去思考。

《胖女王》是我对普通人群的一种幻想和期待。"胖女王"并不是女王，是面对困难激流勇进的每一个普通人，是困难中的逆袭者，是在认清生活真相之后依然热爱生活的人。她们的存在构成了一幅鲜活的当代某个阶段的生活图景。

《沉浮》No.13

艺术本孤独

孤独时刻，内心澄净，在静中捕捉各种灵感。

我的生活很简单，工作室和家仅一墙之隔。是我的好朋友设计的一个在创作与生活之间游刃有余的空间。这个空间让我和家离得很近，但又能专注创作。我觉得艺术家需要独处，独处时内心澄净，在静中捕捉各种灵感。我常常自己一个人待在工作室很久，会看看书，也会健身、画画，沉浸在属于自己一个人的艺术世界中，非常享受。

有时候，我也会和朋友一起出去旅行、骑摩托车，在动静之间调节身体与意识的平衡。在旅途中，你会看到不同的人有不同的习惯，你才能了解到，并不是每个人都按照你的方式在生活。这样，人的心胸才会变得更宽广；同时，在旅行的路上，我也会发现新的审美视角和艺术灵感。

王晓勃的工作室

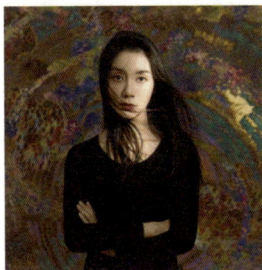

JIANG MIAO

姜淼

以东方哲学为线索在画作中寻找生命真相

当代艺术家

——

姜淼，1981年出生于吉林，毕业于中央美术学院版画系，她2005年获得学士学位，随后2009年获得硕士学位。从她的童年时代起，她就对古代文明和高尚的智慧产生了浓厚的兴趣。自2003年以来，她致力于研究阴/阳、点/线、能量/生命诠释的思想，从而形成了"天人合一"的东方世界观。近年来，姜淼一直在研究阐释生命真理的主题。她的作品运用"八卦""螺旋"作为灵魂的象征，释放能量的"色彩"作为主要的视觉效果，暗示了精神、灵魂和身体的真理。

她举办过多次个展，包括：《瑞日》白石画廊香港（中国香港），2022；《旋色》白石画廊×上海上生新所茑屋书店（中国上海），2021；《和谐之光》白石画廊东京银座新馆（日本东京），2020；《旋色》白石画廊台北（中国台湾），2020；《姜淼个人作品展》中悦集团美术馆（中国台湾），2019；《万象更新》现代画廊（中国台湾），2019；《始基之轮回》虚室合舍画廊（中国北京），2018等。

编者按

记得第一次见到艺术家姜淼的作品是在2019年今日美术馆的一个群展。一个不是很大的作品，被摆放在画廊的一个角落，但是每一个路过的人都会停下来观望许久，与作品合影。画作从传统河洛文化中汲取灵感，画面中有层层递进的旋涡，色彩绚丽，刀工扎实，用独有的绘画符号传达出三维世界的信息。伫立在画前，人们似乎忘记时间和空间，只有当下的凝视和寂静。万物自然、星空与宇宙、微观原子、生物细胞……各种形象的假想呼之欲出，令人过目难忘。

2020年我通过电话采访了姜淼一个小时。姜淼侃侃而谈，非常尽兴。2023年我在白石画廊见到了姜淼，她那一双灵动的大眼睛充满笑意，又有淡淡的疏离感，无意识地习惯与人保持距离。低调安静的她，当谈到创作理念时表达极为流畅和精准。从早年《分生》系列的黑白木刻，到第二阶段的《水·界》《文明》等以山水寓形的超现实表达，再到近两年的《始基之轮回》《天眼》《正觉》《瑞》《无言的秩序》等生命主题系列作品，她的艺术成长路径清晰可见。"每一张画都是探索，所有的尝试都是未知的实验。"

《天眼 2023.8.18》

《始基之轮回》

《水 · 界 No.34》

从小姜淼喜欢研习传统文化，透过绘画创作过程探索无形的宇宙力量，不断向内发问，渴望探秘生命的真相。她的每个系列作品，单独来看，是一个个风格独立的个体；宏观来看，又似是同一宇宙空间下不同层面的意识答案。雕刻刀下画布上蕴含几十层的色彩，是艺术家在创作当下感受光穿越时空赐予现实的一种折射，纹理及别具用心的构图排列展露出层层叠加的自然生机。

在《中国美术报》的一次采访中，姜淼说："我经常恍惚，不知道是作品在画我，还是我在画它。我觉得我成为职业艺术家的理由很简单，就是我喜欢画画，画画已经成为我生活的一部分，或者说我内心深处有需要艺术来弥补的部分，我离不开它。"她始终认为，一个完整的作品，是包含了所有的错误和不协调的，这就是宇宙之大美，是真诚，是存在。在宇宙视角下，所谓人类族群之间的隔阂与争斗似乎都显得不值一提。

"生命是始终贯穿在历史中的一个重要话题。当下我们对生命的关注可能是最强烈的。我的作品艺术形式自由，以东方的个体代表，去表现我对生命的视角，呈现出天人合一的世界观。这也是我在和国外画廊合作的时候一直重视的，我希望自己成为文明交流的使者，将中国文明早期那种最有创造力、最有可能性的文化通过我的作品再次表达出来。同时我希望我的作品，能够给今天这样一个缺少向内思考的世界，贡献更多自省的状态，让大家慢下来静下来找到自己，回归自己，拥有一个美好的生活状态。"

《始基之轮回 2023.3.26》

《瑞 2022.11.29》

《无限与永生》

来自美国的医生南希·坎宁安说，姜淼的作品让她想到了单细胞的微观照片；科学家汤姆·彭在她作品中，看到了一种最基本的生命单元、一种超越科学的灵性与精神；美国心理学教授罗伯特·赫威尔，则看到了一种非常典型的女性色彩。

"其实我觉得每个人在作品里看到的都是自己，作品就是一面镜子。审美没有标准答案，每个人都可以主动思考，从作品中读出自己的感受。比如我的作品，我很希望看到观者有不同的见解。我们要有独立思考的能力，要敢于去认知、提问，艺术若是能让人们对世界有一个全新的认知，这便是艺术最大的价值。"

我 17 岁就独自来到北京，寄宿在老师袁运生家里学画，随后考上中央美术学院，专注版画创作至今已有 20 多年。最开始我做的是彩色木刻，但很快觉得黑白木刻更能展现我那时对万事万物的追问，那种充满力量的非黑即白的"对抗感"、那种尖锐直白的明确性所展现的人生壮志，似乎容不下一点犹疑、啰唆、暧昧，于是我在创作中直接用黑白木刻的阴阳关系来传递情绪，塑造作品。

我想，我大概是一个对未知充满好奇的人，记得上大学时，同学们去图书馆借书，别人大多借的是绘画技法类的书，我就觉得那一类书很容易看懂，没什么意思。那些少有人去翻阅的书就成为我重点阅读的方向。譬如我会从图书馆借关于河图洛书的书籍，去研习它的演变史，对我而言它就像是星空的一步步演变，这不就是一张抽象画吗？有一种说法是：伏羲当年观的河图就是高维信息投影在三维空间的象，那对应在艺术中，这就是灵感给的象。像我们传统文化中的象形文字、卦象，这些都是看图识意，起点就是艺术，而今天我们这种能力一直在退化。

我的作品大致体现为三阶段：第一阶段，学习易经和中国传统文化，10 年的黑白主题系列作品；第二阶段，境界提升的内心山水作品；第三阶段，灵魂符号，再造磁场与能量的生命系列作品。对于我来说，艺术创作每个阶段会有问题的推进和对视觉语言的迷恋，但始终都在追问和回答。每个阶段的作品是答案，亦是过程。在不断追寻的过程中去创作，这是对我自身的成长完整性的记录，也是对生命本真的追问和关怀。

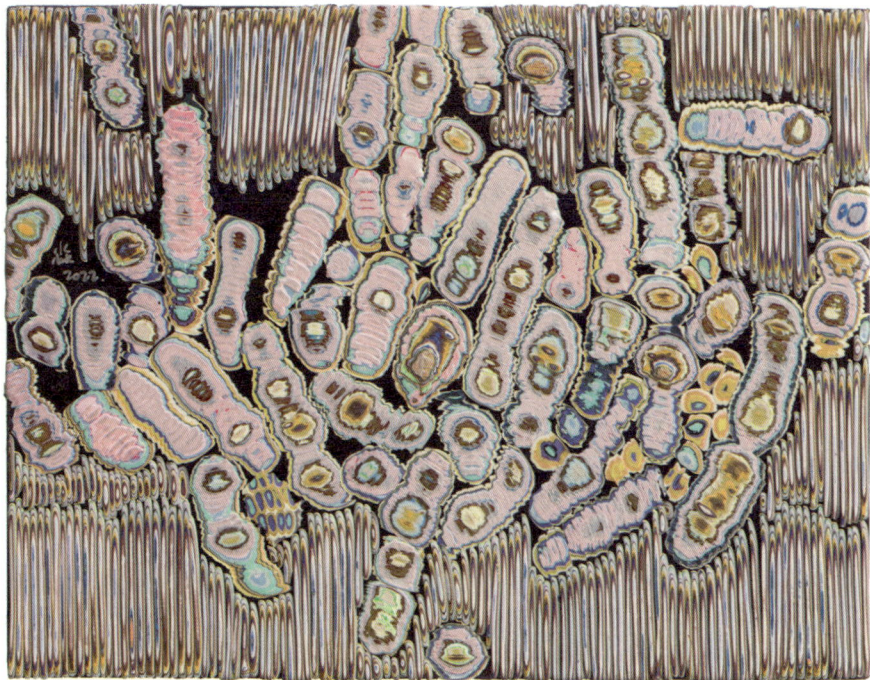

《本源 No.10》

黑白木刻 ┃ 制衡中的自我呼吸

黑白是东方文化里很重要的思辨思维，木刻的基础就是阴阳、黑白、凸凹的二象性。

黑白时期是我人生的 20 岁到 30 岁之间，10 年木刻，一路走来，对社会的各种复杂无法明辨，于是用黑白去对抗，越对抗发现灰色层次越多，从而发现更多层次灰中的美感，和纵深空间的意味悠长。黑白的关系就如同一道强光之下的受光面与阴影，光线越强阴影越浓，阴影越浓黑暗也随之产生并更加厚重，那人对光明的向往和渴望就更加强烈。

于是我竭尽全力试图从这黑暗中，去感受人的命运与呼吸，感受光，感受温暖与悲悯，感受心灵的冷热。但这只是我的感觉，并不是作品，作品本身还是安静的。这个阶段我有点较真，觉得非对即错，非黑即白，但那也是一种冲劲，有时人需要这种冲劲，要打破固有的事物。

现在回头再看，黑白代表的二元对立与相互依存是东方文化里很重要的思辨思维。木刻的基础就是阴阳、黑白、凸凹的二象性，它们共同组成了木刻的视觉语言。我反复体验从混沌到调理出一幅完整作品，这个过程中就是从无到有，不断地黑白对抗，调整关系，自然体会出很多心得。

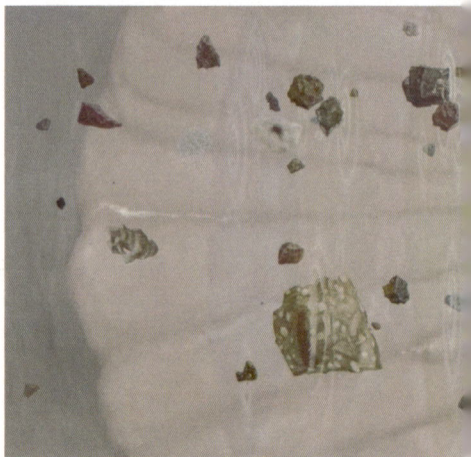

《分生 No.7》

《信徒》

"水·界"系列作品

黑白木刻 | 以艺术的名义

对我所爱的世界发的一个愿。

研究了 10 年黑白之后，我开始把一层黑变两层色，二层变三层，三层变五层，后来觉得饱满度不够，就十几、二十层，到现在的三四十层。我艺术创作的主题也转移到"我存在的意义""他人存在的意义""人类文明从哪里来，去向什么地方"等更为宏大、本质和终极的问题上。在这个过程中，我越来越认识到艺术家应该要思考和探讨我们与社会之间的关系。

老子曰："上善若水。水善利万物而不争。"孔子也说："水有九德，是故君子逢水必观。"从 2015 年起，我开始了《水·界》系列的创作，这个阶段我不再去追求"绝对"，也不再去较劲。我觉得一切都是和谐的，我在一种和谐中产生希望和新生，让生命中每个点、线、面跳跃和鲜活起来，重组当下的自己。山水孕育生命，水是隐含在万物天地之间的，像母体般创造生命。山石特有的实在和支撑感，让我感到踏实亲近，而无形的水，用本身的生命灵性在养育着众生。

"水·界"系列作品

　　"水·界"这一系列的画面之中，有的是梦里儿时常去的一个地方，风景、水的温度、空气附着在身上的温度，让人感觉安全又温暖。那是生命的家园和补给，也是天、地、人相融合的状态。水面泛起各种涟漪，月亮和云彩倒映在水面，这些儿时的记忆，构成了生命的能量包。

《水·界No.28》

这个系列是我以艺术的名义，对我所爱的世界发的一个愿。
画面选取的灵感来自东方哲学：五色石乃上古女娲补天之
器物，有永恒的时间和天意之喻意，而陨石和宝石又是蕴
藏稀有能量的，当我看到石头所历经的岁月与磨炼，深感
人生的存在每一时都应珍惜；画面中的白色光环花朵，白
色是智慧圣洁的颜色，光环是灵性、智慧的生命的象征。

《水·界No.25》

"水·界"系列作品

灵幻之境 | 在色彩中觉察生命始基

这些画面之下蕴含着多达 30 层的色彩。每一层，都是创作时所感受到的阳光、空气和温度。

《始基之轮回 No.20》

《始基之轮回 No.24》

《天眼 2022.10.2》

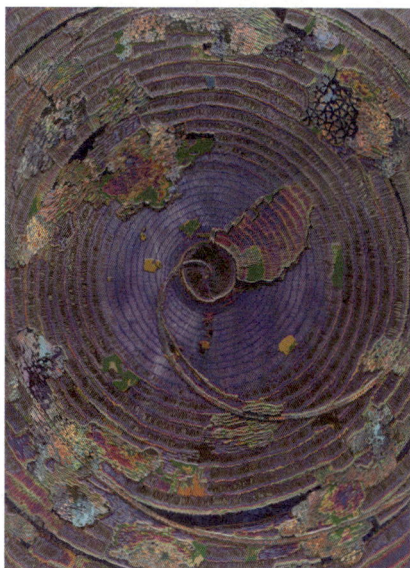

《正觉 2023.5.26》

在山水这个阶段画到一定程度，我觉得需要有一种新的主题呈现自己的觉察，于是便在作品中出现了色彩、螺旋、圆、天眼等视觉元素。我觉得人的每一次觉与悟，就是生命的一次涅槃和焕新。

这个时期我作品的颜色与以往完全不同。之前的孕育阶段是极其安静的，一切未知、蓄势待发的那种感觉。而这个时期我就是要让作品中的生命肯定、有力地表现出来，像"始基之轮回"这个系列，实际上就是表现了万物本原泯灭了之后的重生，重在重生。刀刻是最有力量的表达。创作其实不需要时时刻刻都在思考，更多是跟随意念前行。这些画面之下蕴含着多达30层的色彩，每一层都是创作时所感受到的阳光、空气和温度。

大家经常会问我，画面中为什么喜欢用"圆"这个形象。"圆"的视觉语言在画面中应该说是"旋"或"螺旋"，是宏观和微观的本质，也是代表灵魂的符号。我这个时期的作品主要延展思维的运转，把更多生命的色彩、光的色彩，以思维的方式运转起来。譬如"始基之轮回"这个系列，它对我来说有点像宇宙空间，所有组成机体的点线面都在积极地寻找生的那扇门，寻找那个出口。我觉得这既像是生命诞生的过程，又像我们人去开悟的过程。

根据《始基之轮回》，我又衍生出了"天眼"系列。其实画面中还是那个大圆盘，然后外边加了一个菱形的框。它竖着时就像神的眼，横着时像人的眼。人眼看现象，

《无言的秩序》

172

《天眼 No.57》

神眼观真相。其实影射到看艺术作品是一样的，区别在于用眼还是用心去观看。我认为真正好的艺术是直面问题本质，去解决它。这也是我创作作品的需求，和我创作的方向。

在最新关于灵魂与能量的系列作品中，我回归到木刻的表现手法，画面却变得更加圆满和包容。层层荡开的涡纹，显露出作品表面下多达 30 层的色彩，它既是斑斓的光环，也是宇宙间回响的能量，也是对人生有所领悟后对宇宙万物的见解。在创作的大方向上，我会对创作的主题和对象有着理性的、清晰的认知；但是落笔时，我会把画面完全交给直觉。

我做作品的习惯是依靠灵感。我所理解的灵感有点像静坐后的入定状态，在意识还在但潜意识开始活跃的地带，我接受到了"象"，这"象"应该是超时空超维度的。我把它通过我的技能，尽可能传达出来。然后我再对着我的作品去琢磨解读灵感给我的意图和方向。所以不是我创作了作品，是作品在引导我，让我知道我是谁，该做什么。

《始基之轮回 2022.11.10》局部

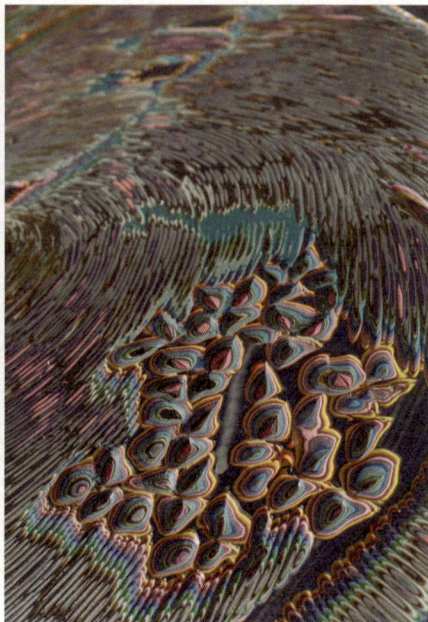

《无言的秩序 2022.05.15》局部

艺术是艺术家的生活

艺术是感觉的欲望，是自我对话与自我感动的最佳载体，这是我最需要的生活。

我的生活十分简单和纯粹，和人打交道的时间很少，没有什么爱好，几乎把所有的精力都放在了创作上。吸收与艺术有关的营养就是我的"业余爱好"，每个阶段所需的营养不同，会根据那个阶段去找相应的书或电影或其他信息来源。总的来说还是有关自身命运与人类命运的探索、悲悯、关爱。

艺术创作，对于我而言是自我感悟、修整自身，再以艺术的形式提问、发声，再感悟、再发声。艺术本身就是艺术家的生活，艺术是感觉的欲望，是自我对话与自我感动的最佳载体，这是我最需要的生活。做艺术是自我审视的过程，感觉好时心旷神怡，感觉不好的时候则非常纠结痛苦。

其实艺术就是我们人性最初始的东西。在我们还没有语言文字时，我们对天地的感知、我们眼睛看到的图像、听到的声音、闻到的味道，这些都是艺术。艺术从没离开过我们生活，它是我们脱离固化认知的另一种识别系统。它帮助人到达语言到达不了的地方。

姜淼与自己的作品

自然绝不仅是目光所及・它还应该包括灵魂的图景

到广阔的天地中去，聆听大自然的教诲。

——布赖恩特

WANG HAO

摄影：Aska

王灏

在木构复兴中思考当代建筑的生活立场

建筑设计师

—

1978 年生，佚人营造联合创始人，"建造学社"创始人之一。2002 年毕业于同济大学，2006 年毕业于德国斯图加特大学，获得硕士学位。2013 年在上海设计中心举办"自由结构—中国新民居"个展，同年获德国 BAUWELT 处女作奖；2015 年参展上海城市空间艺术季；2016 年参展第 15 届威尼斯建筑双年展；2020 年与上海 kcg（K11 工艺基金会）合办木构复兴展，同年获得自然建造奖青年建筑师探索奖。2013 年，王灏在上海设计中心举办"自由结构——中国新民居"个展，同年获德国 BAUWELT 处女作奖；2015 年参展上海城市空间艺术季，2016 年参展第 15 届威尼斯双年展；2020 年年底，王灏凭借库宅、王宅和柯宅获得首届"自然建造·Architecture China Award"青年探索奖，该奖项被誉为"中国版的普利兹克建筑奖"；2022 年凭借绍兴罗北桂园新村社区改造项目获得英国 AR Public Awards 奖。

178

编者按

王澍的作品源于乡村，以大量木构件来搭建现代建筑，前些年在国内实属少见。"自然建造"的颁奖典礼上，评审委员会对他的评价是："王澍的实践探索致力于传统营造文化的复兴，而又脱离了简单的怀旧和乡愁，在现代建筑的形式与传统工艺的技法之间，创造出了一种富于张力和差异性的空间体验。"

通常建筑是建筑师最好的立场。一般人很容易误解王澍是专做木构和古建筑修复的建筑师，事实上，浸润于现代主义建筑理论的他，擅长将传统木构技艺"转译"成现代主义的表现手法，用古典的材料来做现代的房子。从方村、抱珠楼、文郁堂到紫石粮库，王澍的设计越来越聚焦于传统营造与传统遗产的当代化。

宁波抱珠楼 | 摄影：赵赛

宁波抱珠楼｜摄影：赵赛

在宁波慈城抱珠楼的改造设计中，王灏采用藻井的意象，以当代结构将一个螺旋穹顶赋予藏书楼，这是一次很有意义的尝试。抱珠楼穹顶的最终呈现"既不完全现代，也不完全古代，而是介于二者之间。"结构工程师则浪漫地将这一类结构系统总结为"拉力海洋之中的受压孤岛。"他作为天马行空、极具脑洞的水瓶座，生生地把创意落地在最难的非遗技术传承中，做出了处女座般完美无可挑剔的建筑作品。"我属于物欲相对来说比较低的建筑师，不太关注项目的流量，我认为在当下社会中，那种乡土的、有历史感的，并且对结构或材料等本体性内容要求较多的建筑是很难

做的，但我认为对它的讨论非常有必要，这是一个专业的尊严所在。"

事实上，建筑的意义，远不止于建筑本身。人的思想赋予它更多的脉络，建筑有了无限的可能。当我们问起"佚人营造"标志，王灏说："其实，我们在事务所成立初期就叫'佚人'，此后曾短暂更名为'润'，是希望凸显木结构特有的温润气质，如今重启'佚人'之名，是希望借此来致敬中国传统里所有的工匠，那些不留名之人往往拥有一种原生的爆发力与创造力。"或许，这正是王灏所谓的"让思想循环利用"的另一层含义。

在他看来，艺术倘若高高在上，只会失去创造的活力，只有"俯下身来"回到人们日常，才能唤醒蕴含在其中的、真正符合中国人心性的美好灵魂。"建筑的内核往往是东方文明的思想，之后才谈技术。新时代的建筑师应该让自己和自己的作品先确立世界观，再去寻找与之相符的技术或生产方式。"

"精神原乡"春晓住宅｜摄影：周扬

"精神原乡"春晓住宅｜摄影：周扬

2024年5月，王灏在自己的老家做了"精神原乡"主题展览。面对精致主义时代，砖宅15周年后呈现的是另外一种世界观。他在展览前言写道："春晓的砖宅，从2009年开始构思，至今已经近15年。对我而言，住宅的思考是一个建筑师的起点，每年的住宅设计训练必须牢记在心。2009年，利用在设计院的休暇时光，我开始构思砖宅。对一个想要思考住宅的建筑师来说，最大的幸福莫过于有自有的宅基地。"

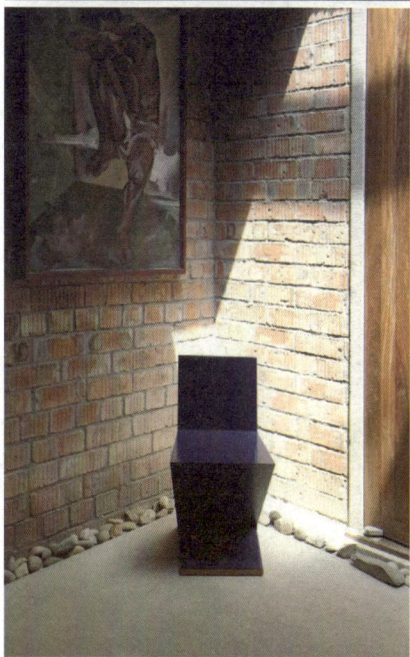

"这是一个开放的住宅，一种中国大型住宅特有的开放度，出现在了不到 500 平方米的地方。这个住宅开始是水平的，但现在开始有种垂直无限生长的姿态，跟周边的民居一样，开始垂直生长。我做住宅的目的，是为了训练自己的基本功。住宅是与社会众生最重要的沟通工具，只有在做这些住宅的时候，双方才会彻底地坦诚，你会在这个过程中训练思维的进退维度。同时可以最全面调动工匠，探讨去精英主义后日常之道的妙处。另外你会变得谦虚，因为，我们专业设定的那套东西，在中国广博的住宅遗产面前变得无比苍白，这种苍白会一次又一次地击溃你、重建你。住宅还有关于全面的造型能力，你需要去解决生活需要的各种形式尺度，并统一它们。"

"精神原乡"春晓住宅 ｜摄影：周扬 张小君

183

抱珠楼｜摄影：陈斌

近几年，人们更愿意回归生活的初心——如何更加健康地生活？这种健康除了身体的健康，还有精神的愉悦和居住环境的舒适感和自由。人们不再去追求华而不实的高奢状态，更愿意遵从内心，返璞归真。

"我觉得当代生活方式最重要的两点，一个是交流，一个是户外。对应到不同的环境中，乡村有生活道具，城市有工作道具；乡村有聚落生活，城市有社区生活。"也许对于王灏本人，乡村的宅邸、城市的家园，还有可以表达他的建筑理想的工作灵感地，这3个空间既是他建筑思想的表达，也是他的生活态度，更是他在不同维度上的精神归宿。在他去探索、塑造、呈现、追寻时，不自觉也为当下的人们提供了人文生活方式的一种参考、一种路径、一种闪闪发光的生活灵感……

王灏老家砖宅 | 摄影：佚人营造

WANG HAO
被采访人王灏自述

木构复兴 | 一种文化本性

与传统木构进行对话，并不是从纯技术的角度，这种
对话建立在我们与其历史文脉相通的基础上。

我从小在乡村长大，童年时光让我与大自然亲密接触，离土地比较近，因此对乡土有一种本能的情感。很多人生于斯、长于斯、老于斯。根所在，即一切所在。小时候，我就经常思考：我是谁，我从哪里来，我要去哪里？带着这个疑问，我阅读了很多中国传统文化的书籍，希望从中找到答案。后来我学了建筑，喜欢上木构建筑，大抵我已经找到了自己的归宿。

我国古代劳动人民用他们的想象力和创造力建造了一座座木构建筑，为我们留下了灿烂的文化遗产。几千年前就出现了用榫卯连接梁柱的框架体系，唐宋时期这种建筑达到成熟，我国因木结构建筑的辉煌而站在世人瞩目的顶峰。民国时期梁思成夫妇曾加入过中国营造学社，致力于我国古代建筑的调查和研究，为后人留下大量宝贵的建筑实测和影像资料。但是现代木构建筑在国内一直没有发展起来。"如鸟斯革，如翚斯飞。"面对这传承千年的文化遗产，建造技术和建造产物都需要革新，木构建筑需要以一种新生的姿态投入当代生活之中。

事实上建筑设计是一门比较难的艺术，和拍电影的难度差不多。贾樟柯导演就先行用电影的形式反映和记录了中国乡村的生活变迁。《三峡好人》借助摄影机对底层人民的生存状态、生命追求进行了真实记录。而建筑的类似表达要比电影晚上 20 年之久。建筑的语言比较沉默，早期不太适合传播，比较难懂。随着互联网媒介的发展，建筑这种难懂的门类能够很快传播给大众。尤其自媒体的出现加速了对建筑艺术的传播和呈现，导致中国乡土建筑师自传式的表达，以及对中国现代结构的表达，慢慢被大家看到。我觉得我们应该感谢这个时代。

如果一个人对木构建筑观看得多，大概会呈现一种气质：对传统生活的向往，向往落叶归根的情愫……木构建筑背后存在很多中国式的故事。我们都是时代中的人，每个个体都带着强烈的时代印记。这是我们逃不了的命运。在我看来，中国的乡土建筑真实反映社会结构巨变，是属于时代的建筑，它也承载了我们在这个时代生活方式的演绎。

费孝通在《乡土中国》曾写道：文化是依赖象征体系和个人的记忆而维护着的社会共同经验。这样说来，每个人的"当前"，不但包括他个人"过去"的投影，而且还是整个民族的"过去"的投影。历史对于个人并不是点缀的饰物，而是实用的、不可或缺的生活基础。所以我觉得，与传统木构进行对话，并不是从纯技术的角度，这种对话建立在我们与其历史文脉相通的基础上。人和建筑几千年来的惺惺相惜，诠释了我们对待地理和文化的态度。

王澍老家砖宅 | 摄影：黄正骊

抱珠楼 | 木构中的根与魂

建筑需要立场，它不服务于你的现状，它应该服务于一种永恒性的东西，可能是一种生活方式，可能是一种传统，也可能是一种习俗。

宁波的藏书文化历史悠久，远可追溯至唐宋时期，有着广泛的群众基础。抱珠楼是近年来发现保存最完整的古代藏书楼之一，曾与"天一阁""五桂楼"齐名。

抱珠楼原由冯骥才祖上冯本怀创建，是近年来宁波发现的保存最完整的古代藏书楼之一，距今已有183年历史。鼎盛时期，此地藏书万卷，因此拥有重要文化价值，2007年它被列入浙江省存世的14座著名藏书楼之一，是千百年来宁波耕读传承、文化鼎盛的佐证。然而，曾显赫一时的藏书楼，历经沉浮，部分珍藏书籍遗失，建筑失修，令人惋惜。1933年，冯本怀的曾孙冯庆瑞先生将抱珠楼已不多的残存藏书、珍稀刻本悉数捐赠给西泠印社。宁波当地政府提出利用原有建筑的空间特性，将之改造成一座传统文化与创新思维相融合的新式藏书楼。

抱珠楼｜摄影：赵赛

因为我们一直在做新木构研究，赵辰老师特别推荐我们参与这个项目。后来，我们非常幸运地介入了抱珠楼的设计改造工作。自2018年抱珠楼复兴计划启动，我便带领设计团队进行了多次设计研讨和修缮打磨。在我们接触这个项目之前，政府前前后后投入100多亿元进行修缮。抱珠楼的位置比较敏感，属于全国重点文物保护单位。当时，政府已不再满足于"修旧如旧"的设计思路，希望尝试一些全新的做法。据了解，此前已有很多建筑师参与过这个项目，但都没有很好地完成自己的想法。

当时，抱珠楼被当作文保建筑进行修缮，难度很高。院落内原本有4栋楼，我们只保留了比较完整的建筑，改造了两栋，又新建了两栋。一号楼是原抱珠楼的本体；三号楼是水文地质大队的仓库；四号楼是一栋"H"形老旧民居。古树广场的位置原本也是一栋老房子，但被烧毁了，我们对其进行了修复。对于新建筑的布置我们想了很多办法，在仔细研究空间布局后才确定了最终的形式，并补充了相应的功能：一号楼被用作展览和阅读空间；二号楼中增加了藏书功能；三号楼被拆除并改造为院落中核心的四面厅，作为接待空间和报告厅；四号楼是图书馆。三号楼、五号楼、六号楼用3种不同形式的新木构对原有结构进行了补充。这样，主入口花园、临时展厅、主阅览大厅、一般阅览室和后花园与藏书楼最终形成了一个新的组团关系。

譬如坐落在抱珠山房二进前院落里的斗拱模型，它是北宋时期官方颁布的建筑规范《营造法式》中的官方斗拱蓝本，是根据福州华林寺斗拱按1∶2比例复刻的。宋代的建筑风格非常浪漫，这个斗拱也是很美的，它是所有建筑构造部件的蓝本，是一个基本单位。在我看来，木结构本质上是材料与力学的关系，在结构上雀替的各种雕刻、各种花纹只是一种修饰的手法。我不断尝试以化繁为简的手法，将命题回归到材料与自然环境的关系本身。

"年轻人尽心去做，古城需要新气象。"前后经历3年磨砺，抱珠楼现在已经完成并向公众开放。我们也得到了冯骥才冯老的认可和鼓励。抱珠楼所有楼栋的功能都是面向公众的，未来由当地政府运营。其实政府原本与冯骥才先生约定将这里命名为冯骥才图书馆，但后来因为种种原因还没有完全确定。现在我们会看到那里经常举办一些与人文、建筑、艺术有关的沙龙和展览活动，真正让所有大众走进抱珠楼，身临其境去感受木构建筑的魅力。

抱珠楼 | 摄影：赵赛

设计立场 | 建筑的灵魂

对我来说，一个好的建筑能让人心动、情动，让人不去想它的业主、功能、形式、材料等，这是非常重要的。在考虑建筑灵魂的时候，我们心中也有一个"穴。"

当下，年轻的建筑师们对成功的追求比较强烈。我属于物欲相对来说比较低的建筑师吧。佚人营造事务所不太关注项目的流量，这可能和规模或期望展示的重点有关。早期我们的项目分两类，一类是建造学社进行木造研发后实施的几个实地转化项目，进一步研究传统遗产的当代化；另一类是事务所第一阶段工作累积下来的民居以及中小型乡村公建项目。我认为在当下社会中，那种乡土的、有历史感的，并且对结构或材料等本体性内容要求较多的建筑是很难做的，这是大众很陌生的话题。但我认为对它的讨论非常有必要，这是一个专业的尊严所在。

对我来说，一个好的建筑能让人心动、情动，让人不去想它的业主、功能、形式、材料等，是非常重要的。在考虑建筑灵魂的时候，我们心中也有一个"穴。"我们会考虑房子在都市里面、村落里面要扮演什么样的角色，它要表达怎样的立场，或者房子与房子之间形成哪些重要的串联。可以这么想，如果把自己的一些作品梳理起来，它可能形成了一个完整的网络系统。如果把这10个东西放在一起组成一个村，你不会觉得这些东西是参差不齐的"奇花异草"，反而觉得相互之间都有关系。

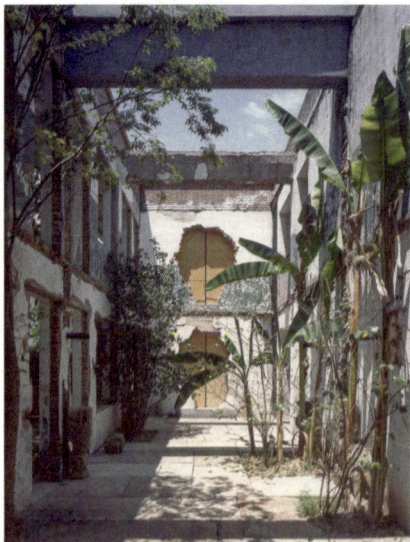

绍兴罗北 | 摄影：陈颢

在这个时代，建筑师很苦恼，他们似乎被技术、业态、商业、流量等所裹挟。从近年密斯奖获奖项目不难发现，建筑师对个人的情绪化的表达越来越少。其实在 20 世纪 90 年代或 21 世纪初，欧洲建筑师还是有很多个性化表达手法的，但现在更多地服务于社会基本需求。在这个大背景下，大尺度的语言均由社会和公共性决定，建筑师自身变成了建筑中的小语言，这是欧洲建筑师的变化。对中国建筑师而言，我个人认为在经过了 21 世纪初期的黄金年代后，难以再拥有强大的符号性语言。因为个性语言往往更偏向学院派，那些与建筑本体、建筑历史相关的内容比较深层，只有将其简化才能引起大众的关注。在当前建筑设计的趋势下，建筑师的个性化正被慢慢逼到墙角，只有在非常小型的或所谓流量建筑上，人们才能发现建筑师的个性语言。

工作状态下的王灏｜摄影：史佳鑫

在我看来，在世界建筑师的格局里面，有一个标准永远警醒着我，那就是是否做了一种非常独特的原创，而不是说延续某一个大师某一个流派的东西。我认为自己设计作品至少要有一个执念，或者要有一个立场，建筑就是这个立场，它不服务于你的现状，它应该服务于一种永恒性的东西，可能是一种生活方式，可能是一种传统，也可能是一种习俗。

王灏在上海的住宅 | 摄影：陈颢

自律、克制 | 朴素的自然主义

我们至少可以相信一点：好的建筑，自身即充满浪漫主义的氛围与对自然的赞美。这点，亘古未变。

材质才是建筑给予生活最近距离接触的一种方式。木头曾代表了中国最高的工艺集成，在现代建筑侵入之前，大部分工艺都和造房子有关，而造房子大部分是用木头来建造的。相较于钢筋和混凝土，木头更便于加工，它无须装饰，拿来即用，而且它自然生长，非常环保，有着生生不息的循环方式，也寓意着人类与自然的和谐共处。

我觉得最终改变未来建筑的是人的生活方式。彼得·艾森曼认为，建筑学里算法的出现，使得建筑学进一步丧失抵抗性，我深度认同。具有抵抗性的东西有一个共性，就是氛围带有某种悲剧效果，而至今我还没看到建成的参数建筑里带悲剧效果的。

不管技术如何进化，不管有多少新材料被研发出来，有一点一定不会变：这个社会永远需要一种抵抗的建筑学。人们在此可以缅怀过往与祖先，细嗅材料的原始芬芳，捕捉光线与空间的辉映。这种建筑美学也许最终会演化到对技术以及材料强权性美学的多元反抗。不管如何，我们至少可以相信一点：好的建筑，自身即充满浪漫主义的氛围与对自然的赞美。这点，亘古未变。

我在老家给父亲盖的是砖头房子，充满乡土气息。我对在上海的住宅，设计时运用了很多老洋房、水磨石元素，它是一个理想住宅设计，是游离于精英主义之外的一种态度，使用了很多匪夷所思的设计去表现自己的设计主张。我希望通过自己设计的建筑展示中国本土建筑的建筑思考，但是对于我们本土建筑来说，一定是有自己的设计线索的。

譬如我在上海的家，它位置不是特别偏僻，有时候甚至会觉得热闹。但我在一层小院里设置了池塘、水渠，都市与曲径通幽仅一墙之隔。然后我将整个内部空间打通——几乎没有内墙，也没有门框，甚至极少有装饰品：借助原本的跃层空间打造出下沉式的客厅，房间的背景色采用的是天然的亚麻灰调，让人浮躁的心情会不自觉安静下来，内心的灵感会在这里自由飞舞，我知道这是可以让我放松，大脑休息的地方。

我们现在的工作的空间位于上海宝钢——一个经典的工业文明地标，这也是我选择它的原因。它带着浓厚的锈气，有一种强大的工业感的气息。在我看来，不管是日常生活还是工作，都不是单一场景、单个空间，而是连在一起的。建筑师对空间的理解不应该停留在怎么好用、怎么好看，而是应该上升到人文的叙事设计，空间是我们创作思想的直接传递。

我从来没有思考过如何在工作和生活中间去平衡这个问题。我好像每一刻都在工作，也在享受工作。工作可以说是我的一种生活方式。不做设计的时候，我会去南方看看项目，或者和项目有关的艺术家、搭配师、软装家一起喝茶，讨论一些设计灵感、装修思路。我比较向往的生活是充满自律、节制的自然主义，一种朴素自然的浪漫，对物欲保持一种中立、克制、观察的角色。

王灏在上海的住宅｜摄影：陈颢

197

CAI SHI

蔡石

用镜头记录对生活的每一寸热爱

人文地理摄影师

——

蔡石，人文地理摄影师、英国皇家摄影学会会员。联合国教科文组织"人与生物圈计划"中国国家委员会首席摄影师、中国探险家俱乐部创始会员、中国探险家协会会员、《中国国家地理》摄影师、《美国国家地理》旅行摄影大师、中国探享家、中国第二次青藏高原科考特邀摄影师、《孤独星球》签约摄影师（2013—2016）。

蔡石专注人文地理领域20年、足迹遍及全国所有省市自治区及世界40多个国家，拍摄了大量人文地理深度报道。与中科院本部、青藏高原所、植物所、东南亚生态中心等相关院所及教科文"人与生物圈计划"合作15年，拍摄了绝大部分的中国自然保护区，进行生物多样性及自然保护的公益报道。他以一个行者的姿态，每年行走20万公里，拍摄时长更长达300天，用人文地理摄影师的眼光，和大家一起探索这个世界。

编者按

认识蔡石已经有十几年，回顾过往，我很幸运能够成为他摄影创业团队的一位成员，见证了这位摄影狂人对摄影极致的热爱。那时金融家"转身"的他用自己在金融行业的收入在北京三里屯投资创建了"麦莎摄影"，并设置了一个巨大的摄影棚，招揽了很多在人像、时尚、美食、汽车领域具有影响力的摄影师，他自己负责人文摄影范畴的拍摄。每天他到公司最早，离开公司最晚，精力十分充沛。

在公司最初尚未盈利时，他带着同事们去平遥摄影节等全国各大摄影展观摩学习，去河北坝上草原一起骑马、拍摄风光和写生……这些费用公司全包，他常常笑嘻嘻地说是"摄影团建。"上班工作日三餐公司也全包，每每都是满满一大桌，他和同事们一起吃饭一边聊摄影，餐厅老板经常被激烈的讨论气氛感染，额外送菜送水果给我们吃。白天在摄影棚搞各种创意拍摄，晚上大家一起看电影，交流影片的构图和色调。他是我们见过最亲切、最富有激情、最懂得生活的"蔡老板。"同事们一度认为"蔡老板"是摄影圈的"天使投资人"：真实、豪气、对摄影极度痴迷。大家基于对他个人的喜欢，都会主动出谋划策关心起"麦莎摄影"的未来。

后来由于运营摄影公司消耗他很多时间和精力，蔡石决定成为独立摄影师——无牵无挂、自由自在地驰骋在人文摄影的天地。"我爱城市的喧嚣，也享受无人区的孤寂，我留恋这人世间璀璨的万家灯火，也沉醉于星空下滑过的流星。"

蔡石的自然风光作品

蔡石的自然风光作品

蔡石在根河拍摄的鄂温克族居住地

摄影师皮特·特纳曾说："拍摄你真正喜欢的，这种激情往往从你的作品就能表现出来。"我从朋友圈会经常看到蔡石用脚步丈量全世界：

"离开零下十几摄氏度的北京到达桂林，一下子到满目苍翠、风和日丽的桂林，真是身心舒畅。酒店窗外，便是一幅天然的水墨画，整个城市被喀斯特峰林环绕。"

"年初在云南泸西拍岩溶专题时顺手拍的当地白彝服饰，所谓的时尚风格，人家在大山里已经穿戴了千年。"

"是欣赏壮阔山河，还是走入它，成为壮阔的一部分。背着无人机，徒步10天，给大家看看来自横断山脉他念他翁山的罕见影像。"

"奋力奔跑着，在寒冷的空气中感受太阳初升的那一缕热量，把尘土与影子远远地甩在身边，我们所向往的，只有无尽的远方与朝阳散发的那自由光芒。"

……

他每年约有300天行走在旅途中，行程达25万公里，拍摄图片30万张。为了记录这些极限之境的地理与人文，如今他把自己练成了登山、攀岩、徒步、潜水、越野等无所不能的摄影界"蔡超人。"

蔡石的自然风光作品

蔡石在拍摄自然风光

"摄影就是见天地，见众生，见自己。其实这不仅仅是摄影的意义，更是旅行的意义。见识世界的各种环境生态，感受自然的神奇，了解不同环境下生活的人们，就会发现人居然能用那么多的方式活着。每个地域都有人们为适应当地环境而发展出的各种生活技能，看过、经历过才可能越会思考生命的真谛。而一个合格的人文摄影师就需要能感受这些有趣的事物，并且准确而艺术地记录下来。"

在他看来，旅行需要深入了解目的地，并且多角度地呈现与记录旅行过程，这意味着旅行不仅仅是一种享受，更是一种责任。"内心保持对这个世界的好奇，用好奇心驱动旅行，在不停充实自己的同时，让更多的人见你所见，我想这便是旅行的最大意义吧。"在一次媒体采访中，他坦诚地谈了谈对旅行的看法。"要做到负责任地旅行，一是做到对自然环境的保护，不要因为你的到来，破坏了当地的自然景观；二是做到对人文环境的保护，比如习惯用钱去解决任何事情的旅行者，可能会重塑当地人的金钱观念，并且给后续旅行者带来更多不便。如果真想要给当地人一些帮助，多买些他们的传统手工艺品，多寄些给他们拍的照片才是最好的方式。"

"世之奇伟、瑰怪、非常之观，常在于险远，而人之所罕至焉，故非有志者不能至也。"王安石在《游褒禅山记》中的这句，蔡石

蔡石拍摄的神农架金丝猴

十分喜欢，仿佛千年前的故人，跨越时空，与他惺惺相惜，以不同的路径完成了对大自然的敬畏和赞美。"已识乾坤大，犹怜草木青"是他现在的微信签名。他在微博上更新道："只有在暴风吹得眼睛都无法睁开，雪粒打在脸上也感觉不到疼痛时仍有前行的勇气与力量，方能享受登顶时那天堂般的黎明，领略只属于千千万万分之一的山野荣耀。从全世界路过，那些炫目热烈辉煌，一切终将归于旷野……"

CAI SHI
被采访人蔡石自述

我是蔡石，一名喜欢带着相机行走在户外的摄影师，大家都称为我是"大自然中的行摄者。"这 22 年以来，我走过 40 多个国家，国内所有的省市我都去过。我横穿世界冰山河流，深入原始森林，走进骇人听闻的无人区，也遭遇过暴风雪，陷入过生死一线间。感谢大自然的眷顾，我现在仍可以在地球的各个角落为大家带来美丽的景致。

户外拍摄中的蔡石

大家也许奇怪，为什么要选择摄影中最难走的这条路——艰辛、危险又充满变数的人文地理摄影。其实，最早我是城市中一名银行从业者，每天面对的是朝九晚五的日程。2003 年，我第一次去稻城，人生第一次见到雪山，感觉自己每个毛孔都很舒畅，空气中每一个分子都那么湿润，我感觉自己属于这片纯净自然的一部分，这不是金钱、权力，名誉能够带来的快乐。于是回到北京我就放弃了令别人羡慕的"金融家"身份，扛着相机开始钻研人文摄影了。

记得 2023 年年末有一次深度自驾，晚上 9 点到达了巴青，这里处于青藏高原东部的腹地，位置极其偏僻，晚上县城还停电，每个商铺都开着发电机。酒店则因为停电，没有地暖，没有热水，跟小伙伴商量后我们决定不住这里，去往附近的另一个县城索县，于是继续赶路……

户外拍摄常常充满惊险和意外

第二天我们便经历了最为艰险的一段行程，从索县到边坝县不到 400 公里，我们却足足用了 10 个小时，一天都在他念他翁山北麓和怒江断裂带穿行，时而是深沟峡谷，时而是雪山垭口，时而是河谷悬崖。我们一天内翻越 3 座 5000 米以上的垭口，平均每个垭口的垂直落差超过 1000 米，而且大多是土路及积雪路面，无穷无尽的之字弯上上下下……这片区域交通之闭塞、道路之艰险，放眼中国，无出其右。

记得还有一次拍摄中，600 多公里的路全程几乎没有信号，只有一个补给站，无论车子还是人，一旦中途出现任何问题或意外，极大可能求助无门。这段路主要为砂石路，而且覆盖着厚厚的冰与雪，陡坡层出不穷，稍有不慎，车子便可能被甩飞……

蔡石经常遇到极端的天气和残酷的拍摄条件，他都能化险为夷

这类极端的天气和残酷的拍摄条件，有时候会让人忽略摄影的技巧。我们知道通常有两种表达事物的方式：一种是原始地展示它们，另一种是用艺术形式唤起它们。我想摄影就是一种真实的记录和表达。人文地理摄影的拍摄过程异常艰辛，需要承受孤独，更需要淡泊名利，以研究者的心态躬身安静去拍摄、去呈现，以待时间、历史检验。

摄影的意义 | 宝天曼科考与高黎贡科考

用你的相机留下历史。人文摄影师镜头背后是庞大的知识体系和人类文明演变历史。

很多人会问我，人文摄影是什么？从类别上来说，它和风光摄影、人像摄影、体育摄影有交叉，但是有其特定的意思。我曾翻阅过中外很多经典摄影大师摘记，他们对人文摄影的通俗概括定义就是：用你的相机留下历史，即真实的生活状态。如果拍摄的只是我们看到的视觉表面，摄影圈通常会幽默地认为这是"漂亮的垃圾。"而人文摄影师镜头背后是庞大的知识体系和人类文明演变史。

严谨点说，好的人文摄影具有政治性、时间环境记录性、社会关注性、人民阶级性……譬如《美国国家地理》的人文摄影师大多都是学地理学科的人，对地质地貌演变等知识都非常了解；昆虫摄影师大多都是生态研究领域的专家，对昆虫的习性、繁殖都具备专业的知识。

蔡石拍摄的挪威罗弗敦峡湾地貌

一次对河南宝天曼国家级自然保护区的考察活动中，我有幸成为考察团队的一员。队中专家云集，有林草局野生动物保护司前司长陈建伟、北京植物所前所长李承森、地质学家戴进业、生态画家郑成武、恐龙专家赵祺等，与他们一起在自然中行走，收益颇丰。宝天曼，一个略带着西域味道的名字，但它位于中国地理及文化最核心的位置——河南。这里也是整个河南省面积最大保护最好的一片森林。来自中科院古脊椎所的恐龙专家赵祺，给大家看了有着国内最完整的恐龙化石切片的显微照片，通过对切片进行研究，可以知道一亿年前恐龙的年龄、生长发育阶段、生长速率、新陈代谢率、生活习性等信息。这种跨学科的知识布局让人文摄影充满趣味、专业、深度，同时也让严肃的专业学科因为摄影的呈现变得直观而生动。

令我记忆深刻的还有高黎贡山科学考察。大概在七千万年前，印度板块北移，在与欧亚板块碰撞而造成的地理挤压、抬升中，使高黎贡山形成了北高南低的地形，造就了高黎贡山"大地缝合线"的地理奇观。高黎贡山从青藏高原东南出发，由北向南，向中南半岛俯冲，绵延600余公里，连绵不断的山峰跨越了纬度5°，成为连接青藏高原与中南半岛的巨大桥梁。在世界生态学家眼里，东喜马拉雅山地区独特的地理环境成为世界物种最丰富的十大关键地区之一，堪与南美的亚马逊河地区相媲美，

蔡石作为河南宝天曼国家级自然保护区考察团的一员，与专家一起研究自然生态

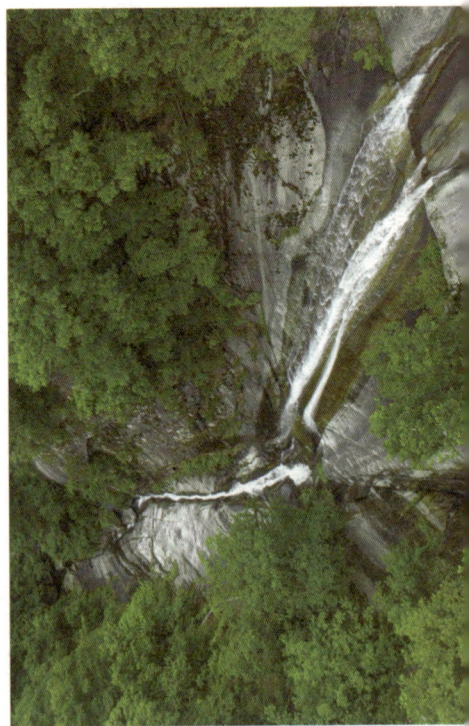

蔡石经常穿梭在山上，对植物尤为感兴趣

208

高黎贡山正好在其东线。

世界上没有哪一座山能够像高黎贡山那样，有如此丰富又相对特殊的自然条件：北端终年积雪，南部则没入亚热带丛林；西麓受印度洋暖湿气流影响，雨水多，植被厚；东麓怒江河谷则属典型的干热河谷气候。古南大陆植物与本地植物的相互扩散，地形抬升所形成的巨大海拔落差，从山谷的谷地热带雨林植被一直到山顶的寒温带植带等丰富的垂直地带分布，气候的多样性、垂直分布的多样性，为不同植物的生存、繁衍和自然演化提供了适合的生态环境，使得这里又成为天然植物园和物种基因库。

加上相对稳定的地理环境和怒江水系、伊洛瓦底江水系（我国境内河流）的自然隔离，在地球发生剧烈地质运动时期，许多动植物得以在高黎贡山独特的地理环境中保存下来，让高黎贡山又成为珍稀动植物的避难所。

高黎贡山国家级自然保护区有一种会发光的蘑菇，它的学名叫丛伞胶孔菌。这是来自中科院西双版纳植物园的科考队采集植物标本时无意中在海南百花岭发现的一种真菌，为了拍摄到它，我们两次在深夜进入保护区，蹲守到半夜，并且用了长达15分钟的长曝光才将真菌发出荧光的神奇一幕给记录下来。

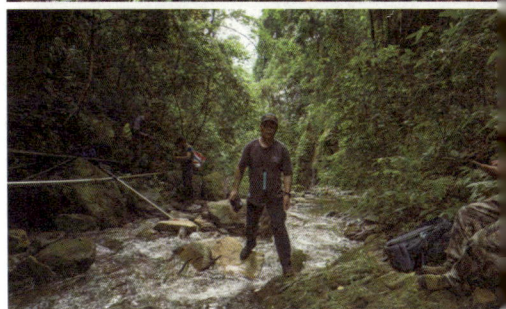

蔡石在高黎贡山中考察拍摄

这种真菌只会在极黑的环境中发出极淡的荧光，乍一看几乎观察不到，只有在眼睛长时间适应极黑光线后才能察觉到其发出的绿光，所以平常极难被发现。目前全世界共发现发光真菌种类108种，主要种类有类脐菇、小菇属、侧耳属、蜜环菌、光茸菌、丝牛肝菌属、胶孔菌等类群。中国发光真菌约有30种，中科院西双版纳热带植物园内迄今发现了3种发光真菌，即东京胶孔菌、丛伞胶孔菌和荧光类脐菇。

这种真菌的发光原理类似于萤火虫，其体内含有荧光素和荧光酶，荧光素在荧光酶的酶促反应中因被氧化而发光，其亮度及持久性受环境温度及水分的制约，同时也因蘑菇本身的营养条件及衰老状态的改变而变化。此次发现的丛伞胶孔菌，我们观察到只有菌柄才会发光，上部的菌盖并没有，而且第一次观察时所有菌群都会发光，而第二次拍摄时，因为连续两天大太阳，水分减少，只有右侧三分之一菌群还在发光，可能水分影响着其发光的某些机制。这种具有探索性、学科性的行摄之路虽然辛苦，但是精神得到极大的满足，也是对在地植物生物的一种多样保护，非常有意义。

记得有一次拍摄火焰山（注：火焰山景区禁止航拍，此次拍摄经过报备，为合规拍摄），火焰山位于吐鲁番盆地中央，东西长100公里，所呈现的橙色是一种名为红层的地貌，普遍认为这是一种来自红色砾岩风化在湖底沉积而形成的湖相地貌。在天山两侧，其实也有大量的红层分布，比如库车的天山大峡谷、安集海大

蔡石在户外经常面临各种考验

峡谷等。这种地貌中最有名的就是张掖的丹霞公园。关于它颜色的形成有个误区，很多人认为跟干燥有关，但主流观点是这本来就是红色砾岩的风化物，之所以在干燥地区多见，是因为它们保存得更好，更容易裸露在外面让大家看到。

火焰山正如其名，它所处的区域是中国温度最高的区域。这里在夏天时，地表温度经常达到八九十摄氏度，是名副其实的火焰山。因为这里远离海洋，又紧邻盆地，四周被高山阻隔，降雨量极少，而且日照时间长、光照强烈，再加上四周高山所形成的焚风效应，这里成为了名副其实的"火锅。"

但这里并非不毛之地，反而成为生命的乐园，这座火焰山虽然外表炎热，本质上却是一个水坝。它无意中拦截了天山冰川融水所形成的地下水系，偏偏在最热最干燥的区域，蕴藏了丰富的地下水源。历来这里就是西域的核心通道，也是丝绸之路上的中心城市之一，著名的高昌故城就坐落在这里。老天给你一把火，却也同时端来一盆水，这或许就是自然界最神奇之处。

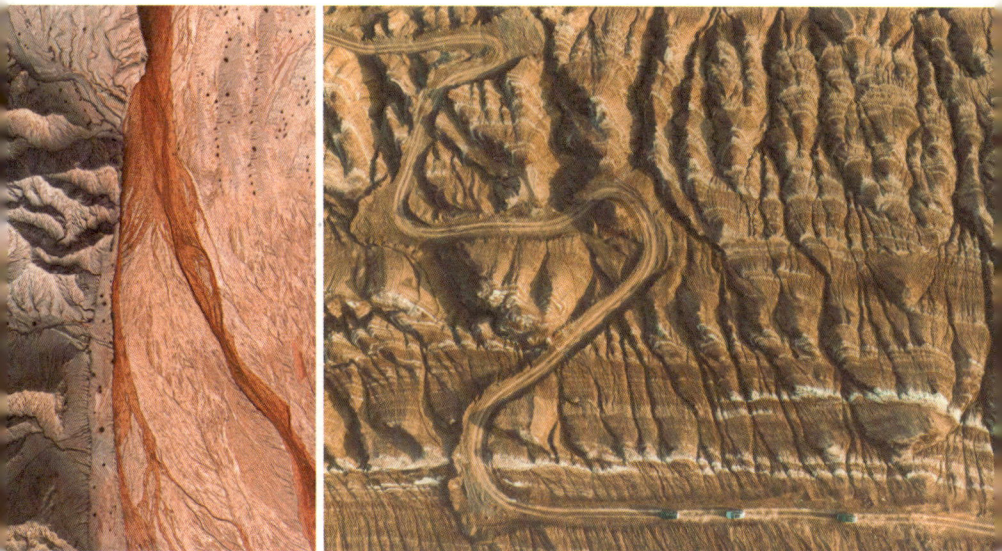

蔡石拍摄的吐鲁番火焰山

蔡石拍摄的中国乡村

人文地理是研究人类与地理环境相互作用的学科，它关注人类社会、文化与地理环境之间的联系。摄影作为一种艺术形式和记录工具，可以帮助我们更好地理解和展示这些联系。我比较喜欢和佩服巴西纪实摄影师萨尔加多。他曾是一名经济学家，后来对摄影产生极大兴趣，前往 100 多个国家旅行和摄影，从经济学家的视角关注镜头中的民生，最终成为一名以对无家可归者、工人和经济移民的深刻记录而著称的纪实摄影大师。思想家弗兰克尔在《活出生命的意义》一书中曾写道："生活永远不会因为环境而令人无法忍受，只会因为缺乏意义和目的变得如此。"诚然，关于"生活的意义"这个问题，我觉得我在摄影这里找到了。

蔡石拍摄的中国乡村

万物有灵 | 人文摄影的独立精神

人文地理摄影在某种程度上会模糊艺术的界限、技巧的界限、认知的界限，从"真实，人性，感动"出发，用一道美食、一抹暮色、一张充满希望的笑脸、一个具有生活气息的场景，来展现这个地域独有的精神气质和人文风貌。

随着信息时代的发展，手机拍摄、短视频等新媒介和新传播方式充斥着我们的生活。面对越来越丰富的视觉内容，而我们是否还记得阅读浏览的初心是什么？人们通常无法控制自己的心性，只能让自己沉浸在喧嚣中。现在微信朋友圈发的内容 80% 都是无效的视觉刺激，只有 20% 能够让我们汲取营养。我努力通过镜头，创作出优质的人文摄影内容，分享给更多有需要的人。

这几年国家一直关注乡村建设以及乡村振兴，人文摄影者也在积极参与，并付诸行动。

我曾在云南怒江傈僳族地区拍摄当地人文风情。云南怒江傈僳族自治州群山横立，江河纵流，这里险峻奇特的地理位置，一直以来都造成交通闭塞，食用的油脂不易运进这里。

勤劳善良的当地人，就从怒江的漆树上采出油来吃，以此做出的"漆油鸡"也成为了当地美食的一道代表菜。这种油是从生长在山谷沟壑的漆树籽粒中榨出来的，冷却后凝固成块，颜色比黄蜡稍浅，所以商

怒江傈僳族漆油鸡

从怒江的漆树上采出的"漆蜡"

品名又称为漆蜡。漆树的枝干、叶子、籽都可能会让人过敏，导致皮肤红肿瘙痒。它是制造肥皂、化妆品的天然原料，因为具有滋补、疗伤、疏通经脉、驱寒祛湿的功效，它还可入药。傈僳人却把它当作食用油用来做菜。当然，对漆油过敏的食客是不能吃的。

记得有一次去拍摄冰湖，到达那里需要徒步走上 5 天。那是一处深藏在他念他翁山中段的一处冰湖，冰川运动刨蚀的深坑形成了如今的高山湖泊，当我将无人机升至 500 米，从湖的另一侧拍摄时，惊喜地发现在湖的另一侧，居然还有一个几乎一模一样的湖，同样被陡峭尖锐的山峰环绕，中间同样是深不见测的一汪深蓝。我用无人机摇摄了一张全景，正想再飞近拍摄时，一片乌云袭来，瞬间风夹杂着雪粒吹得人都直晃，我赶紧拉回在狂风中飘摇的无人机，利用最后一点电给自己在垭口拍了一张自拍照后，匆匆下撤。这里海拔是 5000 米。

他念他翁山中段的冰湖

春天昆明街头的蓝花楹

在我满满的拍摄行程中不是只有危险和艰辛，还有意想不到的浪漫和诗意。很幸运2024 年春天能在昆明邂逅蓝花楹，我也是第一次见到这种植物，说真的还是有点被惊艳到了。据说蓝花楹的花语是稳健、幽邃、清丽脱俗。它是来自南美洲的植物。每当蓝花楹盛开，昆明的街道就变成一片蓝紫色的花海。准确地说，蓝花楹是一种乔木，属于紫葳科蓝花楹属。热带地区常用作行道树的火焰树、凌霄花与它都属于同科姐妹，它们喜欢温暖潮湿、阳光充足的地方，所以在中国南方的两广地区、云南、海南等地引进种植，成为园林行道树的颜值担当。它为城市景观增添观赏性和多样性的同时，也为每一位忙碌的都市心中开出一份春日美好。

还有一次在贵州织金洞拍摄，遇到神秘多姿的"掌中宝。"当时的场景像极了传说中精绝女王墓前的那朵花蛊惑，在黑暗的溶洞中，盛开的花瓣散发着幽蓝的光线，米黄色的花柱被花瓣捧在中心，散发着魅惑心志的气息，让人痴迷。这就是贵州织金洞里宝贝之一"掌中宝"，一块石柱崩塌后残留着半圆形内壁，洞顶的水滴刚好滴在其中，在圆丘中心形成了新的石笋。大自然的鬼斧神工，造就了一个个不可思议的自然奇观，而且这些石笋的造型仍一直处于成长变化中。

贵州织金洞里宝贝之一"掌中宝"

蔡石和科学考察团在深山考察

行摄之路，每一次都是一次新的开始，都是对未知的期盼。我会和科学考察团深入森林深处，对每一株植物追本溯源，还会在海拔几千米的雪山呼吸急促，与死神擦肩而过。摄影使我向内行走，更加保持热爱，热爱自己，热爱生活和热爱身边的一切。

皮特·亚当斯说过："对于伟大的摄影作品，重要的是情深，而不是景深。"通过摄影，我们可以捕捉到文化的多元性，展示出人类文明的多样性和丰富性。人文地理摄影在某种程度上，会模糊艺术的界限、技巧的界限、认知的界限，从"真实、人性、感动"出发，用一道美食、一抹暮色、一张充满希望的笑脸、一个具有生活气息的场景，来展现这个地域独有的精神气质和人文风貌。

在路上 | 行摄不一样的光

好的摄影没有捷径。时刻保持对这个世界好奇心和探索欲、深刻的认知、独到的见解。摄影的功夫，其实都在摄影之外。

在一些活动中，我遇到很多摄影爱好者讨教，询问在平常生活和旅行中，如何才能把图片拍摄得更好。我认为首先不要太关注器材，一张好的图片最重要的是摄影师的思考。其次，多走进生活，善于观察，学会发现生活之美。再者就是学会等待，找到好场景，耐心等待光线的变化，人物的动作变化，以及事件的进展。还有就是要善于捕捉瞬间，好的人文摄影师，最好能让自己成为隐形人，在别人没有任何觉察时拍下想要的画面，那样才确保拍摄对象不会因摄影师的存在而变得不自然。

腾格里沙漠 地球之心

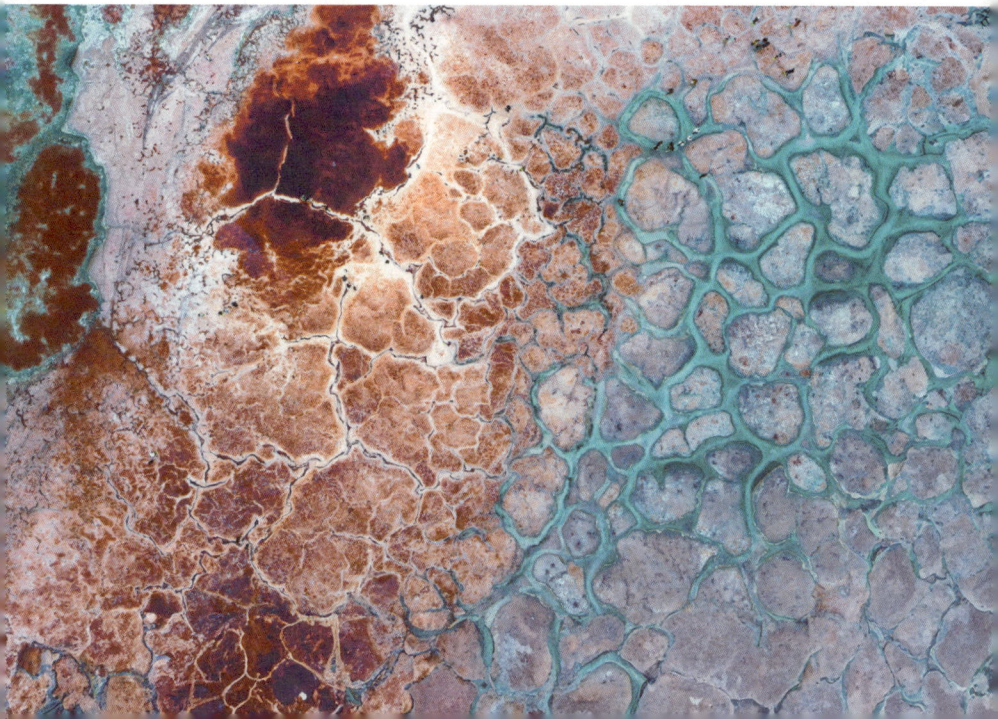

蔡石摄影作品

2023 年 9 月在我国西部拍摄期间，我身边其实一直有位牛人相助，海西最火的那几个拍摄点，比如水上雅丹、大柴旦翡翠湖、哈拉湖等，都是他首先发现并且向外界展示，他就是网上鼎鼎大名的柴达木人张大哥。他带着我跑了大柴旦附近的一条几乎不为人知的小环线，全程 300 公里，一路穿越戈壁、沙滩、彩丘雅丹、红泥峡谷，沿途风景相当惊艳。我在日落时分拍摄了一张非常满意的作品，画面中是难得一见的冰与火组合，近处是鲜艳夺目的红泥土林，面积巨大，因为是雨后，空气通透，所以颜色更加纯正饱和，远处是连绵不绝的祁连山脉，雪峰遥挂，雪山的青冷与红壤的炙热遥相呼应，蔚为壮观。所以摄影不仅需要天时地利，还需要人和。

挪威斯瓦尔巴地区北极熊

2023 年 7 月北极行的拍摄中，我去到了挪威斯瓦尔巴地区，这是地球上北极熊分布密度最高的地区，大概有 3500 只北极熊。即便如此，要在浙江省面积大小的斯瓦尔巴区域遇见北极熊，还是需要丰富的经验和相当好的运气。到达当地的第二天，我们在一处峡湾的浅滩上，拍摄到了两只正在吃海象腐尸的北极熊母子，母亲的后臀部有一处明显的伤痕，或许是为了保护小熊与公熊博斗时受的伤。夏天来临会有一些来不及转移的北极熊被困在荒岛上，失去浮冰的掩护，它们基本不可能捕食到海豹，日子就会变得非常难熬，只能吃植物充饥，有时甚至会去试图捕食在悬崖上的鸟类而跌落悬崖。所以能碰上这样一顿

美食，哪怕是腐烂的海象尸体，对于这对母子而言也是天赐的美食。不过这对北极熊看起来生活得还不错，体态毛发显得非常健康，并没有饥饿的迹象。

在斯瓦尔巴最北部靠近北纬 81 度的北冰洋浮冰区，我们分别在第四天和第五天观察到了北极熊。尤其是第四天，我们首先看到了一只母熊与亚成年的小熊，母亲试图驱逐它的孩子，让它离开自己去独立生活，而小熊却一直远远跟随，最后它们还是朝各自方向分开。而另一只公熊则紧紧尾随着那只母熊，它跟丢了后，显得非常暴躁，直接冲着我们的破冰船而来，紧擦着我们船舷而过，去寻找母熊。而我刚好

近距离拍摄到了事件的整个过程。这次拍摄让我懂得了等待、陪伴和尊重。

如果有的摄影师朋友的作品暂时得不到认可，也没关系。以自然为师，以人为师，去努力提升自己，用心觉察生活。当你站得足够高，对文化有足够深度理解的时候，拍出的作品自然会令人耳目一新。摄影没有捷径，只有时刻保持对这个世界好奇心和探索欲，才能有深刻的认知和独到的见解。摄影的功夫，其实都在摄影之外。

在户外拍摄中的蔡石

SAN QIANG

三强

三声万物　弹琴复长啸

当代啸艺术开拓者·啸非遗代性传承人

——

啸乐歌者、世界级心灵音乐家、狮子吼唱诵践行者、无为唱诵创始人、当代啸艺术开拓者、啸非遗代表性传承人，曾献歌于维也纳金色大厅。

啸乐歌者三强，号啸山人，生于仓颉故里河南南乐县，自幼喜唱、擅啸，忠于效仿自然音声。早年被邀请到各大综艺栏目演绎独到人声绝技和歌声，因其奇妙的啸乐人声艺术被称为"音乐巫师。"

他的艺术以非遗啸乐艺术融合古诗词吟诵及民族原生态音乐、非遗狮子吼唱诵、儒释道音乐等传统文化精粹，汲取古今中外诸多音乐元素，融会贯通，独成一派，文化评论家称之为"音乐中的《诗经》。"他常在各国做非遗啸乐文化交流，先后到奥地利、新加坡、日本、挪威、加拿大、瑞典、印度、斯里兰卡、西班牙等国游学演出和交流，传播流传千年的古典音乐啸艺术和具有多元音乐风格的即兴无为唱诵法。

编者按

啸，是中国古老的人声艺术，是珍贵的非物质文化遗产。啸不借助任何工具，是一种极为自由的音乐表达。它体现了古人对自然之美的崇尚和追求。自然是最高的美学境界，它发于天性，自然而然。啸包括啸乐、啸歌、呼麦、口技、口哨、狮吼音等音声艺术。啸的演奏方法千变万化，曲用无方、随事造曲。

三强曾经在湖南电视台《越策越开心》节目中，用口腔、鼻腔共鸣发出不同乐器声最多的一个人。一路走来，在"明星""歌手""演员""文化大使""非遗文化传承人"等众多头衔里，他最喜欢的是"啸者"，朴素而简单。

从大众明星到专注啸研究和传承的行者，三强研究非遗啸 30 多年，包括音声法门狮子吼、梵音和灵性乐器等。他经常在各国大使馆做非遗啸文化交流，曾有多国总统接见三强并交流啸文化。在三强看来，啸者包含两层意思：啸的行者和啸乐歌者。"啸者是一种使命，这两个字承载了太多。我想通过啸的艺术，真正成为一个传递传统文化智慧的人。"

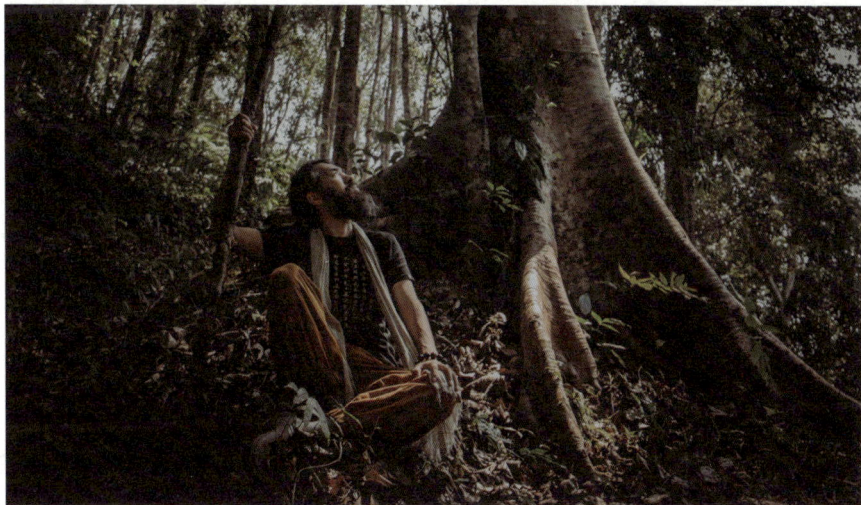

三强在自然中寻找音乐灵感

如今他隐居山林，以大自然为场域，化万境于心，来锤炼自己的啸之境界。他还与志同道合的朋友十方、智缘两位音声导师组成了"心乐团"，他们曾参加"全球外交官中国文化之夜"、海南博鳌大会"姆萨之夜"等国际性活动和北京卫视、抖音中秋晚会等平台的演出，为成千上万热爱传统文化的人们带来音声疗愈的滋养，传递天籁之音。

"心是生命的起源，愿是归家的灯。我们有个愿望，就是用音乐的力量，唤醒本心的清明。语言到达不了的地方，音乐可以。团者，圆也。生命是一个圆，我们的音乐来源于天地，奉献于有情众生。心乐团，不仅仅是 3 个人，而是更多热爱音乐的人们凝聚起来的一段又一段的缘分，一次次的同频共振、相互碰撞、滋养精诚之心。"三声万物演唱会上，三强说出了自己对于心乐团的理解。

他们 3 个人的音乐和舞台呈现大多为即兴创作，天地人合一。人与自然场域的呼应，音、声和舞动之间相互的流动、传递与叠加共振，打开内在无限而广阔的空间，最终将观众带入内心无限的宁静、灵动与美好。

"心乐团"成员（从左到右）：智缘、十方、三强

在近千场国内的演出中，他们用天人合一的共鸣带来了宁静、和谐与美妙的力量，演绎出独具特色的"东方觉醒之音"和"穿越宇宙的声音。"

亚里士多德曾说："音乐是灵魂的直接语言，它是所有艺术中最强而有力的。"

在欧洲塔尔伯格论坛上，论坛终身名誉主席博·艾克曼先生对三强说："你打败了莫扎特！"

文化评论家杨子浪先生赞叹说："三强的音乐是音乐中的《诗经》。"

拉脱维亚前总统瓦伊拉女士对三强说："你的狮子吼啸乐让我久久不能平静。"

北极光基金会 CEO 西蒙·琼斯先生听完啸乐后激动地拥抱三强说："我不懂你的语言，但是我们是心灵的朋友。"

"别担心，我要传递的是心的音乐，而不是形式上的技巧。这种直通灵魂、与生命共振的艺术对所有生命来说都是共通的。"当意大利布雷西亚音乐大师学院校长保罗·巴列里提出中西方文化差异的问题时，三强以简洁通透的语言，给出了最清晰的答案。

"心乐团"成员与朋友一起在自然中寻找创作灵感

227

三强隐居在山野，以山湖为伴

SAN QIANG
被采访人三强自述

我是啸者三强。啸是中国河南非物质文化遗产。作为中国啸非遗传承人、禅啸创始人、无为唱诵创始人，我现在专注于以非遗啸艺术融合古诗词吟诵及民族原生态音乐、非遗狮子吼唱诵、儒释道音乐等传统文化精粹，汲取古今中外诸多音乐元素，融会贯通，连接天地万物自然之声，让音乐走进生活、疗愈人心、滋养生命。

深居乡野 | 吟唱即生活

> 啸乐对于我，就像身体里流淌的血液，是生命中不可分割的一部分。它既是我的爱好、我的生活，也是我的使命。

我在河南农村长大，小时候没有什么可以消遣的娱乐。记忆中，我的外公多才多艺，精通单口相声、河南坠子。我们家经常聚集了很多人来听外公的表演。我的父亲是一位大洪拳拳师，收了许多徒弟跟着他学习。我的童年就在他们的文化生活熏陶下长大。

兴趣是最好的老师，没有兴趣便没有动力。童年时，我喜欢听收音机中的各种音乐，经常在田边一边干活一边吹口哨来自娱自乐。后来自己渐渐地习惯性模仿收音机中的曲子，用人声演奏出各种曲目。13岁是音乐启蒙之年，我开始一边玩啸乐，一边肆无忌惮地唱歌，那个时候对音乐的酷爱成就了未来的自己，还真是"不疯魔不成活"。

国际茶会上三强演绎啸乐

啸是一种歌吟方式，它并没有固定的内容，也不遵循既定的方式，只是随心所欲地即兴吐露出一腔心曲。啸在魏晋时期曾达到鼎盛，贵族阶层尤为热爱这种音乐，于是蔚然成风，到唐朝时期它则成为宫廷音乐。西晋成公绥著有《啸赋》，详细记载了啸的缘起、意境、艺术表现力等；唐代孙广的《啸旨》，详细描述了演绎啸的十二啸激法；以啸文化为主题的诗词歌赋更是不胜枚举，"诗仙"李白的啸诗即多达百首。

古人认为"丝不如竹，竹不如肉"，金石丝竹之器，需要人工雕琢，往往丧失了音声之道的自然本质，只有人声才是音声艺术的极致。啸为人声，发乎自然，所以《啸赋》曰："良自然之至音，非丝竹之所拟。"

啸音，即是古人所讲的大音希声，是天籁之音，只可意会不可言传。啸的质朴、自然之中，蕴涵着人类生命本源的奥秘。

我大学毕业参加工作后，有一次在郑州二七广场散步，有很多民间艺人在舞台上唱歌表演，恰好是一个公益活动，我就主动请求上台唱了一曲，并表演了独门绝技啸乐，没想到台下有不少经纪人就向我投来了橄榄枝。

自 2005 年以来，我基本都在镁光灯下度过。2007 年我应邀赴奥地利，献唱于维也纳金色大厅。2011 年我获得"上海世博大使十佳"的称号。当时国内比较火的综艺节目，我几乎都参与过，还被河南省评选为"2008 年度十大魅力人物。" 2009 年我获得新加坡首届国际流行音乐大赛最佳表演奖，2010 年获得啸的世界纪录保持者证书。

2009 年，我在北京与一家音乐唱片公司签约，开启了自己的北漂演艺生涯。

明星、歌手、演员、文化大使、非遗文化传承人……网络上关于我的头衔很多，但娱乐圈始终不是我的最终追求之地。现在我最喜欢"啸者"的身份，如今我专注于啸乐文化、非遗啸的传承，比较纯粹一些。我经常在各国大使馆做非遗啸文化交流，先后到奥地利、新加坡、日本、挪威、加

音乐会上，三强沉浸在自己的啸乐表演之中

拿大、瑞典、印度、斯里兰卡、西班牙等国游学演出与交流，传播有千年历史的非遗啸艺术，这是一种很好的中国文化向外输出的形式。

现在看来，这些荣誉对于我而言，是一个生命阶段的鼓励，也是对专心做音乐的艺术家的额外之礼。名利是身外之物，并不是终点与结果，而我只希望自己可以在不同的舞台上继续探索啸乐的各种可能性。

著名表演艺术家濮存昕先生看完我的演出后曾说："你这是用生命演奏的音乐。"我觉得，啸代表人生的一种态度。在中国古代，有的文人墨客通过啸表达空有一身抱负而无施展之地的苦涩，也有人通过啸乐表达天地人合一的感受。啸之于我，就像身体里流淌的血液，是生命不分割的一部分；它既是我的爱好、我的生活，同时也是我的人生使命。

我希望通过自己的努力，能够把几乎失落了 1700 年的啸与啸乐重新恢复起来，让现代人感受到这种通达天地自然的啸乐之境。

三强在国际茶会和观心书院上的演出

智在我心｜一以贯之

在我看来，啸变化无穷，能够融入任何形式的文化艺术，直达生命和宇宙本源，它本身就是"近乎于道"的智慧。

啸是一种古老的民间技艺，它的起源、发展与民间方士和道教的活动有着密切的关联。魏晋时期的建安名士、"竹林七贤"之一的阮籍，通过对道教啸法的演习和个人的勤奋实践，使啸乐畅行于士林，成为名流雅士的习尚。吹口哨是我国早已有之的一种技艺。口哨古称啸歌，是啸的一种较为常见的表达方式。《诗经》有多篇文字记录啸歌，其中《诗经·召南》曰："江有沱，之子归，不我过。不我过，其啸也歌。"

我觉得啸乐能承载天地之道，它凝聚了中国传统文化精髓，代表了中国古典音乐的内涵，令人对天地万物心生敬畏。国学大师楼宇烈先生看完我的表演曾说："你是与天地共振的歌者。"

我在30多年的研究、表演中体悟到，啸文化最根本的道理和未来之路，首先就是要利用啸乐创作出的音乐，传承华夏民族优秀的传统文化；其次是通过啸乐艺术帮助人们养生养心，促进社会和谐；此外还有用高超啸乐艺术表演对话西方的音乐文化，成为中西方沟通的文化纽带。

"心乐团"成员常常一起磨炼音乐默契

三强在不同活动上的音乐呈现

我在音乐这条路上遇到过很多良师益友，他们大多大隐隐于世，以乐明志，洗涤灵魂，修炼自我，照亮世界。现如今我与十方、智缘两位修行音乐人共同创立了"心乐团"，他们有着对中国传统文化智慧的深度探索和修习，文化功底深厚，同时各自也在音乐领域有着非常高的专业度。

十方曾任香港卫视音乐总监，他自幼好诗文，喜音律，研习各种中西乐器，在中国传统文化实践中沉淀数十载；后遇名师点化，以音声为引，创立梵籁乐团，"愿以余生之力，鸣指幽月之音。"智缘为吉他、尺八、梵音行者，代表作品有《甘露》《彼岸》《醉琴》《春归路》《禅农歌》等原创歌曲……人生之旅，妙音为伴，山野崎岖，铎声相闻。

心乐团已在国内成功举办了近千场音乐会，收获了许多支持。路漫漫其修远兮，在"心

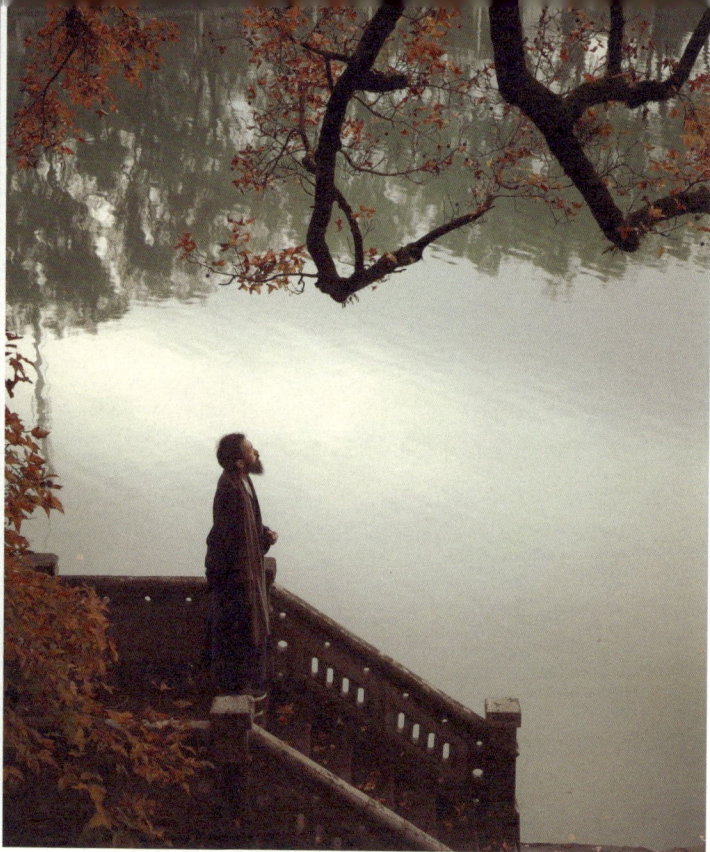

三强常常喜欢一个人独处来自省和思考

乐"这条路上，我们将求索不止。

在学习啸之后，你会发现，自己慢慢能够掌握运气的方法，有助于我们讲话时气的自如运行。古代很多文人雅士喜欢通过啸来养生养心，现代很多喜欢啸的人都想通过学习啸来修炼、悟道。

著名的茶道大师木村宗慎曾说，所谓的匠心精神就是"道在我心，一以贯之。"对于一件事物专注的过程，即是求道的过程，所有"术"层面的努力都是对更为上层的"道"的追求。心有操守并一以贯之，在成就作品的同时也就成就了更好的自己。初学啸时我会学习声乐技巧，现在的状态则在逐步减少技巧的部分，技巧太多反而会失去本源的味道。现在我会重点去探究音乐与内在的连接，让真实的自然之力、自然之声能够游刃有余地表达、呈现。

慈心生吟者不隐 | 行一切欢喜之源

给我一个自然的舞台，还你千年的歌啸风流。

三强通过放空自己来收纳对啸乐自然而然的感知

不工作的时候，我喜欢看天上的云卷云舒，尤其喜欢看大理变幻莫测的云。我一直想移居大理，我觉得那里有全世界最好看的云，在看云的过程中，我会找到很多的灵感。我还喜欢摄影，记录让自己感动的瞬间，这也是一种自我愉悦的过程。另外我也喜欢做饭品茶，烹饪可以释放压力，让自己在一蔬一饭中体会日常之美。

我觉得我们遇到的任何事情都不是偶然的。我们所遇到的挫折、困难都是生命的某一个阶段的考题。人要活在智慧中，深信因果，内心就会释然，活得洒脱，不再为世事所累。我内心一直渴望做生活的隐者，耕读山林，一间茅草屋，几杯热茶，与朋友论道长啸。但作为非遗传承人，还有很多事情要躬身努力，通过啸乐让人们在物质主义中得到精神的解脱，减少烦恼。

练习啸和啸乐，可以陶冶人们的情操，增强人的乐感。啸乐格调高雅、意境优美，可以缓解现代社会人们的内在压力。

生活即艺术，艺术即生活。在古代从事书画、插花、香道的那些名人雅士其实都有正式的工作，这些只是他们工作之余的趣味，是他们的一种生活方式和态度。如同我们此时正在做的事情，啸的传承是我的生活方式，是一种自己对于艺术的态度。

对于啸的热爱者而言，给我一个自然的舞台，可以还你千年的歌啸风流。我将与诸君走入健康、美妙的艺术生活盛宴。

WU YONGGANG

吴永刚

花世间 生活有趣

侍花人 · 无花道创始人

—

吴永刚，字半开，无花道创始人、凡花侍传习院主理人，著有《花间世》。1977 年生于黑龙江省牡丹江市，旅居北京。2013 年创立无花道、凡花侍传习院。中国传统插花研修者，致力于花文化、传统文化实践与当代中式生活美学的传播，专注东方人的生活美学空间营造与实践。

中国有文字记载的插花艺术可追溯到3000多年前，《诗经·陈风·东门之枌》有云："视尔如荍，贻我握椒。"传统插花艺术在唐宋达到繁荣时期："胆样银瓶玉样梅，北枝折得未全开。为怜落寞空山里，唤入诗人几案来。"宋代诗人杨万里道出了当年文人插花之风雅，而明代可谓是中国插花艺术的成熟期，开始追求格调和意境。明代园艺家计成在《园冶》中写道："虽由人作，宛自天开。"这句话是中国传统插花艺术"天人合一"思想精粹。这种境界应该是插花艺术家一生所追求的目标和理想。中国传统插花艺术，是人们寄情花木、以花传情、借花明志、美化生活的重要载体。2008年6月7日，传统插花被列入第二批国家级非物质文化遗产保护名录。

吴永刚插花作品

"青青翠竹皆为法身，郁郁黄花无非般若。"翻开吴永刚《花世间》一书，每一幅插花作品，每一片叶子，每一朵花，皆是侍花人对人生的哲思和生活的热爱。认识吴永刚是源于曾经的老同事、摄影师马也。一天我在朋友圈看到马也拍摄的古典插花作品，甚是喜欢：整套插花作品造型简洁，色彩清丽，至简而详，至约而博，有种"疏影横斜，暗香浮动"的意蕴。于是我有了和吴永刚的电话访谈。

插花是心灵与自然的契合，有物我两忘的意境，也是自然生态与人文情思互动的综合性艺术。最早从事创意策划工作的吴永刚，常常通过旅行来放松自己。因为一次西藏之旅，他与植物精灵们结下缘分。"插花是一种体验、觉察、寻找。在植物的世界与它们对话，用纯粹的心念映照自我。它们在大自然中看起来很渺小、柔弱，事实上，它们很强大。在传统插花中能够找到我们的文化脉络和特有的东方韵味。这

吴永刚插花作品

吴永刚空间营造作品

种形与境相辉映的艺术风格，会让我们生活更加通透有趣。"

吴永刚认为，传统插花艺术在形成过程中，受儒、释、道等哲学思想及中国绘画、文学、造园、民俗等的影响，以花的生长习性或特点寓意人的品性，既重自然之美又兼人文之善，是具有中国传统文化特色的艺术形式。"研习插花的本质不仅仅是对技法的掌握，更多是对生活的思考。插花是生活的艺术，是有温度的。"

现在吴永刚把山、石、树木等搬进城市空间，通过艺术化的处理方式，让空间更具有自然诗意。"其意象在六合之表，荣落于四时之外。每个空间都有其独有的空间属性，只有将生命的状态与气息融入空间里、器物里，它才会呈现出一种更为深层的思考和力量。人文空间的精髓是把形而上落实在形而下，那是道、器结合的理念与体现。陈设之难在于求其雅，雅俗并非凭直觉，可谓行之有法，陈之有道。"

吴永刚并没有太多的时间去回顾过往，也没有更多的精力去展望未来，他专注当下。每一刻都弥足珍贵，每一霎那都是新的精彩。"记得李叔同曾写：'我到为植种，我行花未开，岂无佳色在，留待后人来。'文化之复兴，需要几代人笃定前行，需要种子的播撒，愿与诸友同行问道。"

吴永刚在工作状态中

WU YONGGANG
被采访人吴永刚自述

我是侍花人吴永刚，字半开。之所以叫"半开"，是因为喜欢先贤所说的"取半舍满，月盈则亏；满招损，谦受益。"花朵在含苞未放半开的状态，生命力极为旺盛。我喜欢"半开"的生命状态。

朱良志先生曾言："中国的艺术形态是一种活趣。"回归传统，找寻消失的根脉，唤醒内心对美的思考。我愿成为一名侍花行者，将传统文化中的美好与质感，用最直接也最真实的方式，传递给当下的人，让更多人看到传统插花背后所承载的美学、哲思和生活态度，体悟人与自然生命共生平等的关系，以滋养心灵。

吴永刚空间营造作品

草木闲心岁月长

先贤认为，植物是天地之间连接的媒介，是对生命的一种体悟，而插花的过程可以修身养性，外化于形，内化于心。

最早在北京我从事创意策划的工作，内心所需要的喜悦是工作无法给予的。于是我遵从内心，给自己放一个假期，去一趟西藏。在去往西藏的路上，我看到很多自然植被、美丽的野花野草，它们自由摇曳在苍穹之下，非常动人。那时候，我在想，能否用一种自己喜欢的艺术形式来表达自己？插花便是涌上心头的灵感之源。

我与插花的相遇，是花选择了我，也是我选择了花。中国是东方式插花的发源地。我们的祖先自古以来就敬畏自然，钟情于山水和花鸟，给它们赋予了别样的意趣。

吴永刚插花作品

学习初期，我读了很多有关插花的古籍。譬如袁宏道《瓶史》有云："插花不可太繁，亦不可太瘦，多不过二种三种。高低疏密，如画苑布置方妙。"还有张谦德的《瓶花谱》、高濂的《瓶花三说》，我也读朱光潜、宗白华、蒋勋的美学著作。我在书中与古人对话，领会其中奥妙，孜孜不倦，乐此不疲。先贤认为，植物是天地之间连接的媒介，是对生命的一种体悟，而插花的过程可以修身养性，外化于形，内化于心。

我也曾问过自己，什么喜欢古典插花？侍花作品想表达什么？世间草木让一个北方男人看到了一个不一样的生命世界。如今，插花对我来说，不是一个职业，而是一种生活方式和习惯。大家喜欢叫我刚子老师，对于我来说，自己只是侍花人。"掬水月在手，弄花香满衣。"如此活色生香的生活就在日复日、年复年与花相伴中度过。

吴永刚作品

花木世界中的天人合一

《说文解字》中"侍"有陪伴之意："侍花"便是用
双手承载具有天地灵气之生命，用自己的生命加以呵
护和陪伴的过程。这一个"侍"字，是从事这项古典
艺术的态度，是对于生命的最深的敬畏。

传统插花的历史源远流长。中国插花艺术发展至今已有近 3000 年的历史。在最早的一部诗歌总集《诗经》中也记载了青年男女相爱时，采摘芍药花枝互赠对方表达爱意。这可以算是我国最早的插花雏形。它萌芽于先秦时期，经过了汉、六朝的初始期，隋、唐、五代的兴盛发展期，宋代的全盛期，到达元、明、清中期的成熟与完善期。

在我看来，古典插花艺术形态无论表现形式如何，最终都要回归自然本身。古典插花中蕴含着东方哲思和美学精神，传递出的是插花人的艺术修养和人文情怀。譬如我们都比较喜欢宋代的琴棋书画，宋代还形成了"焚香、点茶、挂画、插花"的"生活四艺。"文人雅士的起居室中，插花也必不可少，同时也有不少关于插花的诗作涌现。宋代文人会在花材上投射自己理想

吴永刚与自己的空间营造作品

246

吴永刚作品

的精神品格与他们的美好向往，所以多选择寓意高洁或象征吉祥的花材来插花，同时讲究顺应天时，按照四季时节的变换选择时令花材：如春天有牡丹、桃花、海棠，端午有艾草、蜀葵、菖蒲、石榴花，冬天有松、竹、梅、水仙等，四时皆有趣。

古典插花外在形式越简单，美学意境越高。因为它不完全依赖形式，是一种时间、空间交融的力量，是一种生命力的表达。插花时，植物并不是完全按照我的意识在构图，而是会在过程中将很多微妙的信息传达给我，那是植物本身具有的一种生命的张力，在引导着我完成作品，那是植物与自然的一种连接，它会告诉你，它想成为什么样子。而在这个过程中，花草也在塑造你的心。这种美是属于连接天、地、人之后的灵性之美，回味无穷，引人思考。

很多人问我日本花道和中国古典插花有什么不一样。在我看来，古时从事这个领域的人为侍花人。《说文解字》中"侍"有陪伴之意，"侍花"便是用双手承载具有天地灵气之生命，用自己的生命加以呵护和陪伴的过程。这一个"侍"字是从事这项古典艺术的态度，是对于生命的最深的敬畏。这就是传统插花与日本花道最大的区别，是文化属性上的区别。

吴永刚与自己的空间营造作品

吴永刚作品

吴永刚作品

养正清和雅之气　育慈悲喜舍之花

我在草木中，见自己，见天地，见众生。

对我记忆比较深刻的一件事，在我研习插花的初期，经常去五道口的惠量小院与年轻的茶人分享插花技法。有一次在分享会上，一位朋友甲所带的朋友乙在插花间笑了，朋友甲便特别激动。因为朋友乙有抑郁症，所以好久没有笑过，这是很长时间以来第一次看到她笑。这个事情对曾经轻微抑郁的我来说触动很大。个体生命本来不具意义，而在一件事物上附着了你的名字，它便有了传承的意义。

对于我来说，插花要有三心：感恩之心、

恭敬之心、敬畏之心。这是古典插花的内核，心法不对，学的都是"术。"同样插花也有三则：以自然为师——回到植物本身的形态，观察一花一叶一果所呈现的自然之美；守拙勤练——插花没有捷径，需要大量的练习和学习，植物学、色彩学、器皿学、光影学、建筑美学、人文空间美学等多学科知识，能帮助我们提升一件作品的综合水平；借鉴与修正——学插花初期可以尝试三种学习方法，虚插、精临、检改。

世间草木间，可爱者甚多。陶渊明，采菊东篱下；林和靖，梅妻鹤子；周敦颐，独爱莲之出淤泥而不染；苏东坡，宁愿食无肉，不可居无竹。而我在草木中，见自己，见天地，见众生。

美学大师朱光潜先生说："美不是天上掉下来的，它一半在物，一半在你，在你的手里。"在不创作的时候，我喜欢武术、游历、品茶、抚琴、焚香、静坐、书写。我用不同的艺术形式，让内心平静下来，来修炼自己。

吴永刚作品

XU XIANGJUN

徐向军

在路上即是到达

自驾达人

———

匠堂文旅平台创建人，发现之旅旅游有限公司总经理，匠堂农文旅养产业融合联盟发起人，中欧国际工商管理学院 EMBA 毕业，中欧校友会自驾俱乐部发起人及会长，中欧校友爱心联盟理事，北京广东商会惠州分会秘书长，中国旅游出行协会救援及俱乐部分会副会长，中国汽车流通协会俱乐部分会副理事长。

长期从事自驾出游服务和农文旅融合，开拓"秘境追踪"系列自驾旅行；成功策划和组织 6 次路虎大会，创立文旅 IP 活动"荟悦野"挑战赛，此活动获得了《中国国家旅游》"2018 年度最佳文旅活动品牌。"

创建"发现好物"频道，将各类农文旅产品通过"秘境追踪"系列旅行和活动导入精准客户，实现"好景、匠人、好物"的价值实现。目前结合国内乡村振兴，创立乡村之旅系列，通过"农文旅养"产业融合，打造"造血赋能型"乡村振兴实施平台。

编者按

在浩瀚的宇宙里，人类如同星辰在无尽的时空中穿梭、探索。而旅行便是我们穿越现实与梦想、连接过去与未来的桥梁。人文旅行更是一场心灵的盛宴，一次文化的触碰，一次对生命意义的反思。

户外自驾达人徐向军20多年来常常"在路上"，他说："踏上旅程，每一步都仿佛踏在了时间的脉络上，让人停不下来脚步。"在人文旅行中，他坚信我们不仅仅是旁观者，更是历史的参与者，通过触摸那些历史的痕迹，我们仿佛能穿越时空，与古人对话，感受他们的喜怒哀乐，理解他们生活中的智慧与哲思。"我经常带朋友、家人、校友同行，让他们和我一起深度旅行。在历史的长河中，每个人都是渺小而独特的存在，但正是这些渺小的生命，共同编织了人类文明的辉煌篇章。我们在旅程中学会了珍惜，学会了感恩，也学会了如何在有限的生命里，活出无限的精彩。愿每一位旅者，都能在这条不平凡的道路上，找到属于自己的风景与答案。"

"乡愁是一枚小小的邮票，我在这头，母亲在那头。"余光中的这句诗，深情地表达了游子对故乡的无限眷恋。深耕自驾旅行多年的徐向军，喜欢探索少有人走的路。他多次深入原始乡村，在乡村中，他看到了山河壮阔，也看到了贫瘠。基于对乡村的天然情愫，徐向军开始钻研通过旅游带动当地经济的可操作方法。

"一村一灵魂，一乡一IP，扶贫先扶志，扶贫必扶智。要把村民、旅行者、在地文化、非遗、生态保护等方面结合起来，形成良好的文旅共益生态。"在徐向军看来，在乡村的旅行中，我们不仅仅是在寻找一个短暂的避世之所，更是在寻找一种人生的归宿。乡村的宁静与和谐让我们重新审视自己的生活态度与价值观。我们开始思考，什么是真正的幸福？是物质的丰富还是精神的富足？是对名利的追逐还是内心的平静？乡村旅行告诉我们，生活的真谛不在于外在的浮华与喧嚣，而在于内心的满足与安宁。在乡村的怀抱中，我们找到了自己的根，也找到了人生的归宿。

徐向军拍摄的三峡风光

在远方 寻觅生活的意义

20 余年间，我从互联网行业转到汽车行业再到旅游行业，每次的跨界和角色转变对于我来说都充满着挑战和机遇。热爱是我持续前进的动力，无论年龄多大，它总能激发我的热情与坚持。

在这个快节奏的时代，我们常常被日常的琐碎与喧嚣所包围，但我们的心灵其实渴望一次远行，一次与自我深刻对话的旅程。记得 2011 年，我与发现之旅俱乐部会员在南非自驾旅行，俱乐部的会员都是精英人士，他们对旅行品质有着极高的要求。大家下飞机后拖着疲惫的身体，被当地专业的越野向导接到一处远离尘嚣的丛林山庄。大家原本期待的是饕餮盛宴和舒适的酒店套房，结果看到的却是：茂密的丛林和自由漫步的野生动物，

南非自然风光与野生动物

以高耸的自然植物为依托搭出来的简易布帐篷、融于自然之中的卫生间。在山庄中听到的是野生动物的叫声，吃的是当地最质朴的食物，没有太多的佐料和花样。同行的一对来自鄂尔多斯的夫妇在夜幕低垂即将入睡时甚至看到一只大蜥蜴。在这个刺激又完全原始化的地方的种种经历，成为我们所有人难以忘记的"人生第一次奇遇。"

多年以后，当大家回想起来这段经历时，依然记忆犹新，意犹未尽。南非之旅揭示了旅行的享受不一定是美食美酒，也可以是置身于广袤大自然的怀抱。它让我们暂时忘掉都市生活压力，重拾久违的感动。

徐向军拍摄的"丙察察"进藏路线

徐向军拍摄的内蒙古多伦草原

在自驾途中的徐向军

人文旅行的起点，往往是内心对未知世界的渴望与好奇。不同于简单的观光旅游，它要求旅者带着一颗谦卑而敏感的心，去倾听每一个地方的故事，去感受每一片土地的温度。通过我的实地考察和精心规划，我带领发现之旅俱乐部的城市车主们踏上一场场别开生面的旅程：周末时，我们走进近郊乡村，享受亲子共融的野趣时光；远行之旅，则踏上探秘之路，领略自然天地的绮丽风光；境外远征之旅，则深度体验异国风土人情。正是这样的旅行方式，让我有幸结识了一群志同道合的旅友们，我们秉持着"独乐乐不如众乐乐"的理念共同成长。在路上，我们不仅是风景的看客，更是思考者。面对不同地方的生活方式与多元的价值观念，我们开始审视自己的生活状态，思考内心真正的追求。

如果说小时候我是在文字世界乘"字"游心，而这么多年的工作、旅行，则更多是带着文字中的美妙场景，跨越时间、空间、历史、文化，用脚步来感知这个世界。旅行让我学会与世界相处的方式，在路上，我能清晰觉察到自己的本心，看清一个城市的发展路径，了解一个国家的文化脉络。它不仅是一场对外界的探索，更是一次内心的觉醒与重生。

徐向军拍摄的香格里拉

徐向军拍摄的林芝

徐向军在旅途中邂逅北极圈哈士奇

徐向军在景迈山炒茶叶，学习当地农事

走入乡野　沉浸乡愁自然美学

在都市中生活久了，人们总免不了心生一丝对田园牧歌的向往，对那份纯真质朴有一丝眷恋。乡村旅行，是一场寻觅乡愁、重塑生命与文化的诗意栖居之旅。我带领发现之旅俱乐部会员经常深入乡村进行旅游产品的开发，特别是 2018 年 5 月份发现之旅俱乐部与松赞集团开始了战略合作后，联合"重塑滇藏线"的秘境追踪行动，我关注到了乡村的文旅产业。后来应中国扶贫基金会的邀请，针对"百美村宿"项目，我分别到贵州、河南、河北等地考察调研，深入一线了解当下乡村的经济状态。并参与了贵州丹寨和云南景迈山的"幸福茶园"乡村振兴运营项目。

通过一线调研和实践，我发现乡村旅游普遍存在以下问题：资金投入能力不足，资源开发各自为政，资源与资金没有形成有效的合力；乡村旅游规模小，缺乏合理有效的规划和策划，经营者品牌意识淡薄；乡村文旅人才缺乏严重，区域发展不平衡问题不易快速消除；资源特色挖掘不够，产品严重重复；服务设施相对落后，产品层次和创意水平较低，服务水平低；游客消费低，当地收入不高等。这一系列问题困扰着乡村文旅的扶贫推进工作。

譬如贵州省黔东南地区的丹寨县，这里曾经是国家级重点贫困县，但是山清水秀，温度适宜，有传统的苗寨建筑和梯田，有保存完好的苗族传统文化。但很少有游客来到此地，有时候，即使游客到了此地，也无法体验到当地苗族的各类生活场景。

徐向军喜欢深入未被开发的乡村，挖掘原汁原味的在地文化

乡村不仅是自然风光的展示窗，更是传统文化的宝库。从古老的民居建筑到丰富的民俗活动，从精美的手工艺品到地道的农家美食，每一处细节都蕴含着深厚的文化底蕴。乡村旅行不仅是对自然景观的欣赏，更是对传统文化的一次深度探访，它鼓励人们参与到当地的节庆活动中，学习传统手工艺，品尝地道美食，通过亲身体验，加深对传统文化的理解和认同。同时，乡村旅行也为传统文化的传承与创新注入了新的活力。正如费孝通先生所言："各美其美，美人之美，美美与共，天下大同。"乡村旅行正是这样一条桥梁，连接着过去与未来，传统与现代，让文化在传承中创新，在创新中发展。

罗曼·罗兰的《约翰·克利斯朵夫》是我一直喜欢的一本书。书中描写了主人公奋斗的一生，从儿时音乐才能的觉醒，到青年时代对权贵的蔑视和反抗，再到成年后在事业上的追求和成功，最后达到精神宁静的崇高境界。在我看来，他是作者用20年铸就的英雄赞歌，在多变的当下为人们提供了一个榜样，呈现了一位平凡人走向英雄之路的成长蓝本。它更像一本哲学书、一首交响乐，又是一个独立灵魂对人生的探索之旅。

"从远处看，灾难也富有诗意。人们只是惧怕眼下平庸的生活。"我在人生不同阶段读《约翰·克利斯朵夫》的感受都不一样。我喜欢中国传统文化，认同佛家的因果，也认同道家的道法自然和儒家的修身、齐家、治国、平天下；我也相信爱拼才会赢，相信机会有准备的人，相信每件事情的善始善终都是自我更新、自我挑战。

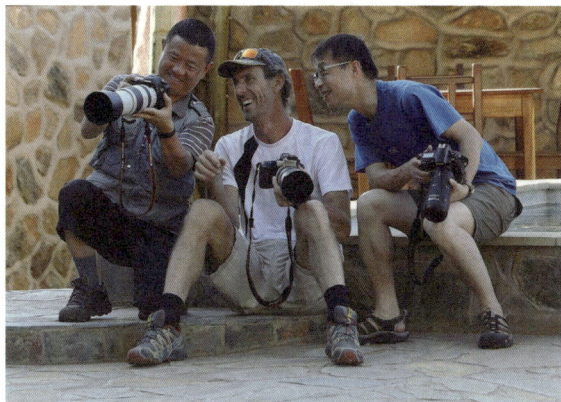

徐向军与一起自驾的朋友们探讨行摄技巧

前行不息·无须迟疑和退避，健行于寂寥的小径

对未来的真正慷慨，
是把一切献给现在。

——阿尔贝·加缪

XU JIE

徐洁

亦狂 亦侠 亦温柔

当代水墨艺术家

——

徐洁，字菲卿，号草坛凤洁、常洁。出身艺术世家，书画幼蒙家训，少年习武，为浙江省武术队队员。1985 年移居广东深圳，1998 年毕业于中国美术学院书法系。现居深圳、北京。曾在美国、英国、澳大利亚等国和中国北京、香港、深圳、浙江等多地举办个展，作品被美术馆及藏家广泛收藏。

徐洁的书法作品

"墨扫千里，笔揽风云。"最早看到艺术家徐洁的"心经"书法系列和"风书"系列作品，我在想：一个人究竟有多大的心力，能把《心经》书写得笔笔飘逸柔韧又稳健磅礴，既矛盾又和谐，既有传统的风骨又有当代表达。她的"风书"系列线条纵逸挺秀，设色沉浑质丽，善于把虚与实和点、线、面融为一体，意境深远。我对其中一幅作品印象深刻：丝丝的水墨线条仿佛幻化成了千军万马，自由驰骋在无限的空间中；线条又像是层层跌宕起伏的墨浪，瞬间晕染成一个个梦幻的平行时空。基于这些难忘的观感，2023 年冬天，我带着极大的好奇心在徐洁北京宋庄的工作室见到了她。

这位出生在浙江金华，工作生活在深圳，又常年在北京工作室创作的"独行侠"，在她的南方口音和玲珑身段中散发出的是果断、干脆、一针见血的行事风格，这种柔而刚的性格和她的作品有着同样的气质……这是她给我的第一印象。

2024 年，徐洁母亲生病在医院，她要在深圳医院照顾母亲，然后再回浙江金华帮助父亲整理资料，协助父亲接待当地媒体拍摄非遗类纪录片，又要飞回北京工作室创作、处理事务。"我时刻都在行走。飞机换高铁，高铁换汽车，去不同的城市，在不同的地方，融入不同的场景。人生本身就是一场行走的艺术。在行走的过程书写着属于自己的草书。"在对话中会觉得她的状态鲜活又前沿，在深入了解后，我发现她内心住着一个小孩子：顽皮又纯真，又极为感性。拍摄她的时候，她会非常干脆地告诉大家：这个不适合我，这个感觉不对，我应该这样……忙碌一天后，她依旧精神焕发，半夜她会在微信给你聊她今天的感受。"江湖万里水云阔，草木一溪文字香。""脉绪吐露，图符腾空。"随意几句草书诗句发过来都令人惊艳。

徐洁出身艺术世家，父亲徐裕国是浙江省非物质文化遗产婺剧戏服的代表性传承人，母亲郑桂茶是金华"优秀女匠"绣娘。"我从事书法 40 多年，一直特别热爱书法，尤其是墨在宣纸上晕染开来那种感觉。我最喜欢黑和白，它有力量，最高级，最抽象，最有东方文化。从中式哲学来看，水墨蕴含着我们东方精神——极简、冷峻、纯粹、深刻、抽象、极具温度，又立足当下、面向未来。"自幼对艺术耳濡目染的徐洁对书法的热爱是一种天性。

徐洁书法作品

清代刘熙载《艺概·书概》有云："高韵深情，坚质浩气，缺一不可以为书。"改革开放以来，在水墨创作发展之路上，艺术家们进行了大量的探寻、试验、摸索和创作，比如现代水墨、实验水墨、前卫水墨、都市水墨、表现水墨、抽象水墨、观念水墨、当代水墨，等等。徐洁作为水墨探索者，在时代的洪流中，她经历过伏案不闻窗外事、孤独创作的时光，她也经历过在圈内不被理解、被批判、被诽谤的至暗时刻，她也经历过作为当代女性水墨艺术家被非议的复杂体验，也承受过家庭与艺术创作平衡的压力……

当下国内水墨画的发展至少有两个维度。一个是在传统绘画发展中融入时代特点和创新技法等。比如，林风眠的西画法、张大千的泼彩法、刘国松的揉纸肌理处理法、周韶华的拷贝纸收缩法等，这都是对传统以书入画法的背离。另一个是将现代生活、当下生活的场景、元素融入绘画之中，从内容上表现了时代的特征。这种维度的发展可以称为纵向发展。有人认为"新水墨"是一种实验和演变，"新水墨"并非"风格概念"，而是水墨的一种"状态。"

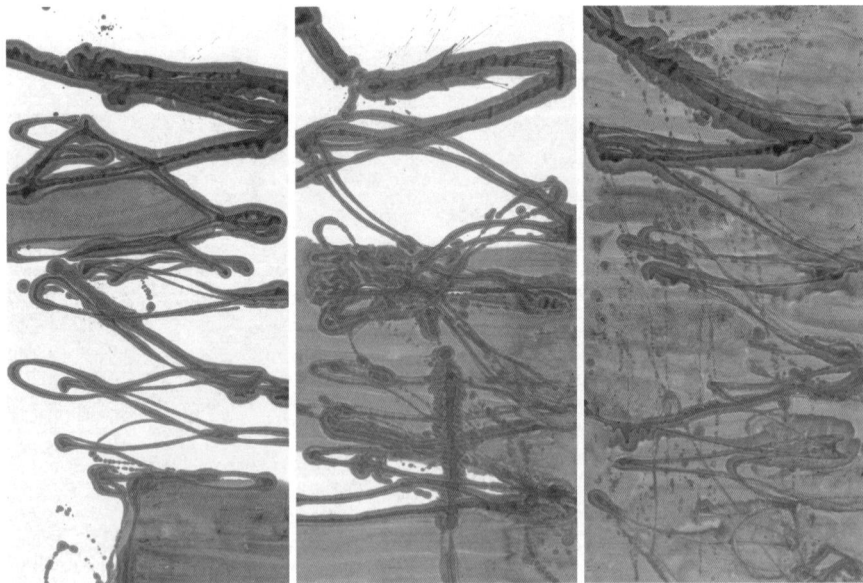

徐洁水墨系列作品

徐洁由汉字图腾演变而出的艺术作品

"我的创作目前主要分为三大方向：传统书法草书系列、汉字图腾系列、当代水墨系列。这其中任何一个创作方向都有着很大的学问。草书是我擅长的，可以传达物我两忘、人书合一的现场感和运动感。纸上或案台上的作品，则更偏向于尺牍、信札，更具书卷味、金石气，怡情养性也更具传统意蕴和人文精神；汉字图腾系列是我的原创作品，回到文字之初，仓颉造字，甲骨文、女书等是汉字的根和东方气韵的精神表达；当代水墨系列主要表现黑与白，水墨氤氲的气韵缭绕着墨中万象。我在敦煌也尝试着用敦煌土、矿物质颜料来做作品，斑斑驳驳的岁月痕迹中，笔断意连，蕴含无限展望。"

策展人夏可君曾这样评价：徐洁的"字象"书法系列作品，一方面是艺术家在很多年对于上古器物的涵咏与对图腾的幻化变形中，以自己书法练习的持久修养，把图腾与文字结合，形成自己的独特"字象"，重写经典文句；另一方面，则是把文字结构转化为纯粹的空间形式表达，在分解字体后，以留白的余味，把笔画提炼为纯粹的线条，强化其粗细的空间张力。两种创作都体现出笔墨特有的变化潜能，重构出一个灵魂自由呼吸的文本空间，让历史的诗意与当下的生命感知，建构其内在庄严的心魂空间。

"水墨是中国传统的艺术形式，要用来表达当代的主题是非常难的。但反观中国的艺术史乃至世界艺术史，能够有所建树的艺术家都是在所处的时代不断尝试，可能不被认可甚至会被认为是所谓的'离经叛道'！但真正的艺术家会为了一些可能性而不断尝试，这种探索才是艺术家该有的状态……"一位书法践行者在看了徐洁的作品后在视频号下面留下了自己的感受。

徐洁书法作品

徐洁在书法创作中

事实上，从艺术史上看，水墨每一个阶段的发展都有意义和价值。以徐洁为代表的艺术家们，在坚守传统"外师造化，中得心源""气韵生动，韵律相生"的水墨心法之下，用"创建"取代了"颠覆。"

从艺术市场来看，虽然当代水墨经历着多元的变化，但当代水墨艺术家带着具有中国文化属性的精神内核，有着文化自信的正气和不断探索的信念，会对未来中国水墨乃至中国文化的发展方向起到很好的引领作用。

艺术是生活的镜子。"生活本身就是修养，书法是载体，修行、修为完善我们的人生。前两天我在日记中写道'含着泪微笑着'，因为做任何事不可能是一帆风顺的。"徐洁如是说。

XU JIE
被采访人徐洁自述

水墨 | 百炼成钢 细若游丝

所谓的"百炼钢成绕指柔"即刚柔并济，
既有妩媚的柔软又有刚强的力量。

徐洁风书系列作品

我从事书法创作 40 多年了。今天是 2024 年 5 月 18 日——第 48 个国际博物馆日，对我来说，更是特殊日子：40 年前的 1985 年 5 月 18 日，我从浙江移居深圳。在到深圳生活工作 30 年后，无独有偶，我在 2015 年 5 月 18 日从深圳到北京宋庄北塘安置工作室，如今一晃也 10 年了。深圳、北京、浙江三地连轴行走，其中酸甜、苦乐、得失自知。

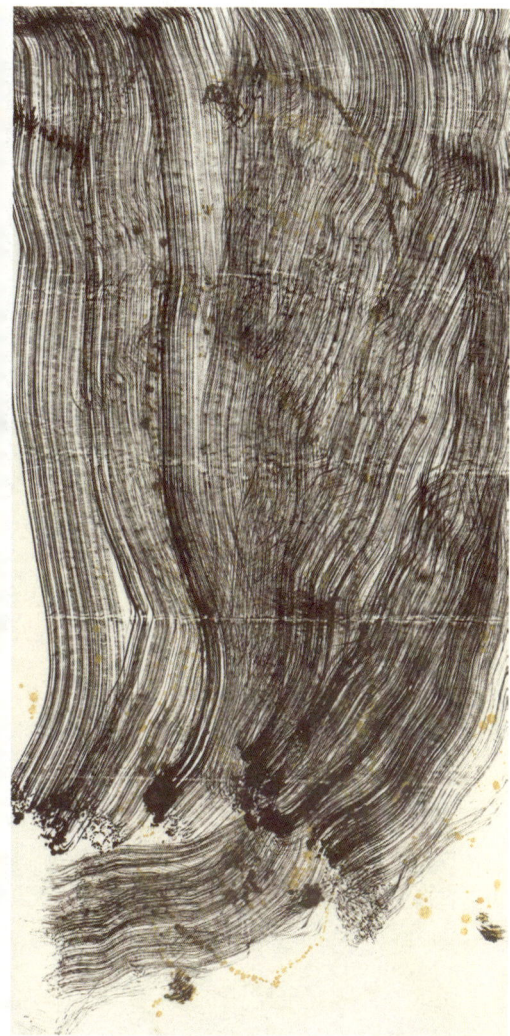

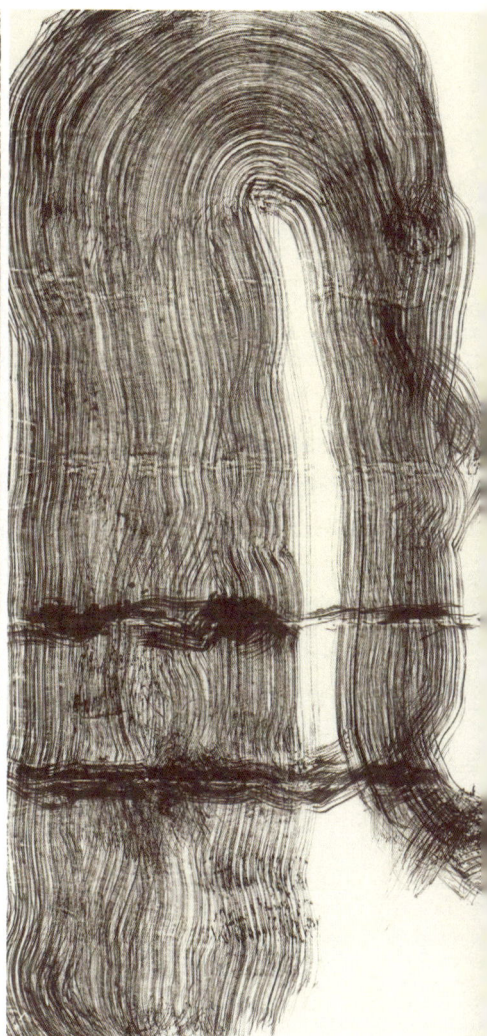

徐洁水墨作品

2017 年的"水 + 墨:在书写与抽象之间"展览中,我作为参展艺术家进行现场行为艺术书写。我在展览中设想了在 20 米高的展厅顶上悬挂胶片,这些胶片是透明的,一片一片地垂下,形成巨大矩阵,我站在十余米高的 X 形升降机上,自上而下、自下而上地腾空现场书写。所书写的内容可能留不下痕迹,唯有在场者目睹、参与、共享,而后在内心镌一道刻痕,这也许是我创作呈现方式之一。

我也常常在想,水墨也好,丙烯也好,是否要分得那么清楚?或许只要能淋漓尽致地表达出内在的想法和感觉,用什么样的材料并不重要?前几天我还在考虑,要不要在宣纸上粘一块亚麻布之类的,或者把墨汁和沙子混在一起试试看会产生什么效果。我的作品常常给人一种大开大合、汪洋恣肆的印象,由传统书法转型当代水墨,不能光看结果,每个个体精神跨越的过程才有意义。

徐洁"满江红"系列作品

艺术｜保持创作的状态

每一个物件、每一株植物，都是能量的反射。比如你在案台是一种状态，在行走中也是一种状态。

我好像每天都在创作，每时每刻都在创作，确实艺术是源于生活又回归生活，最后高于生活。每一个物件、每一株植物，都是能量的反射。比如你伏案创作是一种状态，在行走中也是一种状态，要保持你创作的状态和生活的状态。我一直觉得艺术家的个展并不是仅仅展示你的作品本身，而是在展示你现在还在做这件事情，是将你对这个世界的感知，通过作品表现出来。所以很多人觉得我已经儿女双全，应该去享受生活，周游世界，但是在水墨创作这条路上，我就是停不下来。朦胧派诗人梁小冰先生曾送给我八个字："乱石铺街，蝴蝶翻飞。"再乱，也是蝴蝶。再狂、再侠，亦是女性的温柔。艺术像是一个没有硝烟的战场，披荆斩棘，逾越过往，回归内心。

徐洁与父亲在一起交流艺术创作

至于怎么定义一个作品的性质，我觉得，作品完成后，定义属于每一个阐释者。艺术家应该关心怎么创作出发自内心的好作品，不被任何概念所捆绑。美的本质也与这些无关，是人内心的起心动念。

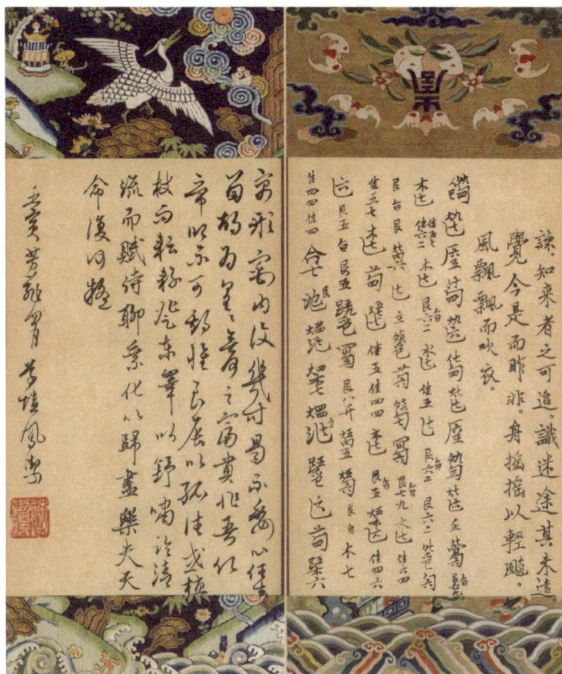

徐洁书法笔记

美育生活｜且行且感恩

生活本身就是修养，书法本身是一个载体，修行、修为完善我们的人生。前两天我在日记中写道"含着泪微笑着"，因为做任何事不可能是一帆风顺的。

徐洁在艺术创作中

2006 年首届非遗婺剧戏服展览宣传中，父亲自己掏钱，亲力亲为去推广和创作。有一次杭州工艺美术大师艺术展览，父亲给大学生年轻人讲解婺剧戏服文化，一时忘记了午休，结果因体力不支晕倒。后来大家都担心他的身体，就减少了他亲临现场的次数。我非常钦佩父亲对婺剧戏服文化的这种无私奉献精神，这种大爱给我的内心带来极大的震撼，在后来的艺术学习中深深地影响着我，也使得我选择了教育这个路径让水墨走向生活，力图让更多的年轻人爱上书法，热爱传统文化，去感受体验传统文化之大美。

"石庐"最初其实是我个人书房的斋号，从 20 世纪 90 年代一直沿用到现在。"石不能言，最可人。"石头是不能说话的，反而内涵高深。一开始的"石庐"，想法很纯粹，就是艺术教育、快乐书法，同时也希望能够传承经典文化，以艺术为切入点，让孩子们、妇女们有更多的机会展示才华、交流分享、互动进步。现在我们设计许多的研学课程，为热爱传统文化、热爱艺术的年轻小伙伴创造提供一起交流学习的机会。譬如之前我们去敦煌看壁画写生，看到年轻的孩子们不再沉迷手机和游戏，而是没日没夜地在画室研习绘画创作，看到他们发自内心的热爱，我很欣慰。

我一直在琢磨和探索，如何让传统文化的精华通过当代艺术的形式在年轻人心中播下种子。美育是一件很有意义的事情。怀着这种思考，石庐艺术美育做了许多社会公益课堂沙龙，也与高奢品牌、五星级酒店、科技行业联名举办专题文化艺术活动。

我身边很多优秀的女性，她们的事业和家庭都非常成功。她们用女性天生的温柔、坚韧将当下独立、不被定义的自己活得非常精彩。我觉得我们每个状态每个阶段都要用心地去生活。比如我在写《心经》的时候，除了祈福，更多是感恩：感恩拥有，感恩生活的酸甜苦辣，字里行间的智慧让我们懂得了好好生活。生活中有了笔墨，就多了一份灵动，而笔墨中也有生活，是润物细无声地传递了爱、真、善，从而让人文艺术长出美妙的果实。

LIU DIANXING

刘殿兴

种茶，生活的另一种可能

制茶师

——

刘殿兴，评茶员、制茶师，中国扶贫茶园的创办者。
种植茶树、制作茶叶，足迹遍布中国的几十座茶山。

编者按

"茶者，南方之嘉木也。"中国是茶的故乡。在人类历史的不同阶段，中国人以不同的角色和形式表达着对茶的热爱和执著：种茶人日复一日躬耕在野，学者讲述中国不同朝代茶的文化史；茶人、作家寻访茶产地、茶空间，写关于茶道、茶艺等茶中之哲学的书籍，还有茶商奔走于全国，研制打磨茶品。

茶发于神农，闻于鲁周公，兴于唐朝，盛于宋代，普及于明清之时。中国茶文化糅合了中国儒、道、佛诸派思想，独成一体，是中国传统文化中最具代表性的符号之一。几千年前，人们便将茶融入生活。唐煎茶、宋点茶、明清泡茶，诸般雅事滋养了古人的日常，也丰盈了那个时代人们的智慧。茶不仅承载着东方的韵味，更成为东西方文化交流的重要媒介。

时光荏苒，中国茶在一代代人的努力下，走向世界。2022 年"中国传统制茶技艺及其相关习俗"被列入联合国教科文组织人类非物质文化遗产代表作名录。据悉，"中国传统制茶技艺及其相关习俗"包含了茶园管理、茶叶采摘、茶的手工制作等内容，以及关于茶的饮用和分享的知识、技艺和实践。

同样是 2022 年，刘殿兴在自家 5 处分布在全国多地的茶园奔走：杀虫，防水患，茶叶制作检验……从爱茶到做茶，从外行到内行，从一个普通从业者到国家级评茶员，从一个极具实力和口碑的实干企业家到深入山林茶田教村民种茶，采茶、制茶、品茶的"种茶人"，刘殿兴反差极大的跨界身份，让他的人生从此与大山、茶田、村民为伴，开启了属于自己的茶文化之路。

刘殿兴 5 家茶园中的一家

初识刘殿兴，他肤色微黑，鼻梁上架了一副眼镜，脸上总挂着憨憨的笑容。熟悉之后，你会发现他豪爽好客，健谈又风趣。他幼时喜好中国历史，从小熟读"四书五经"、《史记》和《离骚》等著作，对于中国历朝历代的茶经茶典更是爱不释手。他意识到整个泡茶的过程中，所用的器皿都有文化出处，了解和学习这些文化知识是一个很有趣的过程，这让他乐此不疲。

"中国茶的种类繁多，不同的茶有着迥异的风味与特色，了解这些类别不仅能满足味蕾的好奇，更是对中华茶文化的一次深度探索。一开始对茶文化不是很了解，我查阅了大量的资料来了解茶，不知不觉间就沉迷进去了，爱到了骨子里。"刘殿兴觉得这个行业很平和，喝茶以后，慢慢就少了很多的应酬，很多人也不找他喝酒了，进入了一种低调、从容又充满智慧的生活状态，这一直是他向往的生活方式。"最初每天要喝十几泡茶，乌龙茶、大红袍、各种产区的普洱轮番上阵。我还托人四处买好茶，听到哪里有稀奇茶树，不管贵贱都要买来那种茶，为此交了不少"学费。""

种茶、品茶之余，刘殿兴也会在传统音乐中寻找茶之精髓

茶和传统文化密不可分。刘殿兴喜好书法，在他看来书法可用以定心养性，他写字不求名利，只为修心。此外，他还建立有关紫砂、书画、古琴的工作室来共同打造茶文化的氛围。他认为茶的悠远意境与中国传统艺术结合，提升了品茶的境界。"人一旦静下来，就有时间去思考生活中难以解决的问题，头脑比较清醒了，就能做一些正确的决定。"

记得 2020 年我去过刘殿兴在贵州丹寨的扶贫茶园，那天恰逢大雨，我们几个人穿着雨衣，撑着雨伞，他在大雨中热情地给大家介绍茶园的情况，身轻如燕地在茶园穿梭，那一刻他仿佛是一个快乐的顽童。在他的茶文化展厅，我看到了他收藏的优美书法，深入了解了失传许久的琴谱。他还收藏了大学生在丹寨以树叶、树枝、绣片为素材设计的创意传统服饰……他总是出其不意地给人惊喜，用自己的方式表达着对传统文化的热爱和支持。

茶室一角和正在专注泡茶的刘殿兴

刘殿兴的茶室有各种好茶和茶器，吸引着很多爱茶人士来品茶

张岱曾说："人无癖不可与交，以其无深情也；人无疵不可与交，以其无真气也。"刘殿兴一直奉行"喝好茶、种好茶、交茶友、行茶道。"在种茶的过程中，他除了以茶园扶贫之外，他还利用个人影响力，帮助茶园所在地区进行精准的慈善捐助。例如把某些大集团淘汰的旧电脑经过调试后捐赠给当地的小学，联络一些企业为学校捐赠桌椅、棉被等。他本人也是几十位贫困儿童的捐助人，自己从茶园赚到的钱大部分都捐出去了。他觉得他从种茶中体会到了智慧，应该对这片土地的人们有所回赠。

他觉得中国茶传达了茶和天下、包容并蓄的理念，传递着人类共同的价值观。茶以茶事活动为中心，融入日常，是人们文化生活的一部分。所有这些茶事的出现，都是在特定的时代和社会背景下产生。然而不论怎么变，茶都是深深扎根在老百姓生活里的东西，总能以不同的面貌滋养人们的身心。"我希望让更多国人喝到价格亲民又干净健康的好茶，把中国茶文化传承下去，让中国茶的品质更加得到世界的认可。"

追本溯源 | 乘茶明心

**很多事情开始都是感性地去做，后面
才理性地梳理出方向、方法。**

我出身黑龙江哈尔滨一个普通的家庭，家人在医院工作，我从小耳濡目染
的多是生老病死，早早就懂得健康和生命的意义。小时候记忆里父亲很爱
喝茶，印象深刻的就是父亲喜欢抓一把茉莉花茶撒进杯子中，开水浇上去，
娇嫩的茶叶轻盈散开，整个房间都飘着茶香。那会儿家里拮据，喝不起好
茶，父亲通常只买几元一斤的茉莉花茶。偶得好茶，也只在招待客人时喝。

我开始做茶的机缘在 1993 年至 1997 年之间，我去安徽出差，偶然在黄
山了解到采茶、制茶、炒茶的整个工艺流程，制茶人专注的样子深深地吸
引着我。于是，我萌生了向一些做茶的前辈学习的念头，想要转入茶行业
做茶。后来读了卢仝的《七碗茶歌》，我便开始走上了茶这个行业。

一碗喉吻润，二碗破孤闷。
三碗搜枯肠，唯有文字五千卷。
四碗发轻汗，平生不平事，尽向毛孔散。
五碗肌骨清，六碗通仙灵。
七碗吃不得也，唯觉两腋习习清风生。
蓬莱山，在何处。玉川子，乘此清风欲归去。
山上群仙司下土，地位清高隔风雨。
安得知百万亿苍生命，堕在巅崖受辛苦。
便为谏议问苍生，到头还得苏息否。

——卢仝《七碗茶歌》

每到采茶制茶季节，刘殿兴都会亲自上阵

中国的茶文化源远流长，吸引着无数爱茶之人。在古代的丝绸之路上，茶叶与瓷器、丝绸并称为三大特色。在我的理解中，茶是静以修身、俭以养德之物。茶本身是一种植物，茶作为中国传统文化的载体，在千年传承中，被赋予了更多的灵魂。庙堂之上士大夫们的"琴棋书画诗酒茶"，老百姓的"柴米油盐酱醋茶"，都是茶文化，两种茶文化的并行与交织，衍生出了无时不茶的境界。之前忙碌的生活令我心力交瘁，现在我向往安安静静地做自己喜欢的事情，把喜好当成自己的事业，投入有度，不消耗健康，不去攀附权贵。所以，经营茶园变成了我主要的爱好和事业，也是我的日常生活。

刚入行时，有太多东西需要学习，经营茶园对于一个没有种过茶的北方人而言，是很有挑战的。在初期，我游历了南方每一座茶山，四处寻访高人。2017 年我去到贵州丹寨看到茶贱伤农，一家最穷的贫困户一年的收入都不到 350 元，这也就是城里人一餐饭、一件衣服或一双鞋的花费，我看了很心酸。茶园都是在山中，越是出好茶的地方，越是在深山中，然而大山中的居民生活条件往往不是很好。了解到这些情况后，我坚定了带领当地老百姓建立"扶贫茶园"脱贫的信念。

每年春季采茶制茶最忙。为了把控品质，我从茶叶发芽就需要待在茶山监督。我白天采茶，晚上做茶，一天只能睡三四个小时，朋友们来了都没有时间接待。直到成品茶出来、产品入库，我才能松一口气。十几年如一日都是这样过来的。忙碌的时候我感到发自内心的幸福，和村民聊聊天，去茶园走走，也是自在。这是商业上争名逐利没办法替代的快乐和喜悦。

刘殿兴带领当地村民种植茶树

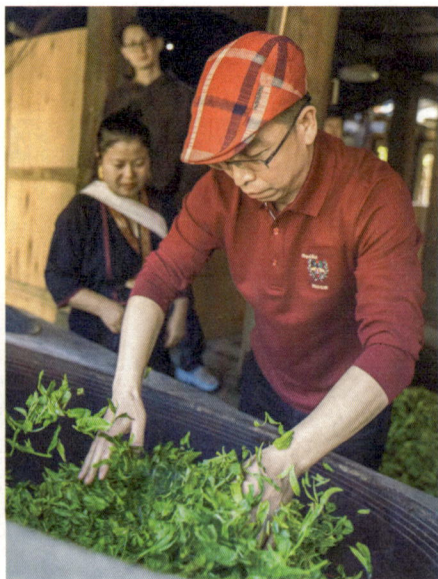

刘殿兴正在制作春茶

在我们的茶园中，有一些是"幸福茶园"，有一些根据当地经济情况被列为"扶贫茶园。"我觉得做公益扶贫项目"授人以鱼，不如授人以渔"，最好以市场化的商业模式来做公益，企业取得合理的利润，农民有收入，这样才能长期发展持续下去，而不会昙花一现。做扶贫项目的产品切记不要把你的社会责任转嫁给他人。很多扶贫产品质量不好，包装粗糙，缺少服务，项目开发者告诉客户这是扶贫产品，大家不要要求太高，快买吧。这样的扶贫项目很难长期生存。

我们的扶贫茶园是运用互联网的媒体平台，通过消费者的认领，用每一亩茶园针对一户农民进行扶贫，通过这样一对一的方式，农民在茶园劳动挣取工钱，靠劳动脱贫，并对认领者每年赠送部分茶叶作为感谢。以往大家做公益都是付出，没有回报，付出的钱不知道用到哪里去了，不知道帮助了什么人。我们做的事情就是让认领者知道他帮助了谁，他们可以直接交流并成为朋友，认领人可以来茶园，体验和帮扶的农民一起工作。

其次，我还每年花大量的精力做自己的生态肥。我专门请了研究人员，用农作物制作了一些生态液，对一些天然植物进行提取或者加工发酵，以增加茶树的免疫能力，降低病虫伤害的发生。我用香樟树把茶树隔开，形成一个天然防护屏障。

再者，我还带领茶园开展主题体验游活动，农户就是导游，带着认领者和游客一起采茶、炒茶，形成了一个为茶园农民增收的项目。

在这里，经常和村民打交道，也积累了很多有趣的故事。2017年9月，我在茶园移植桂花树和桃树，农民对我不了解，把我种的果树都偷走了。但随着时间的推移，他们和我一起劳动，接触久了以后，他们又偷偷地把树给种回来了。马寨村的老陈头在山上干活时还告诉我，他家现在每周都买一斤肉吃，以前两个月也不舍得买一次，生活水平如今有了显著提升。

生活茶｜茶生活

若生活是一杯茶，那么成长就是喝茶，水是沸的，心是静的。我觉得最理想的茶生活，是不受环境、规矩、品味等方面的影响，按照自己习惯的方式去泡茶，去生活。

陆羽《茶经》云："茶者，春以贡之，夏则为之烹，秋则为之灌，冬则为之盖。"穷尽茶事精妙，且看云南景迈山。景迈山地处云南澜沧江流域，承载了千年的茶文化，刚刚成为全球首个以茶文化为主题的世界文化遗产。它特殊的地理环境和独特的种植方式，使得茶文化在这里得以延续至今。如今的景迈山古茶园面积可达万亩，茶文化具有如此重要的地位，也是因其传统的林下茶种植方式，这种种植方式是人类早期利用茶树的活态样本，通过山共林、林生茶、茶绕村、人养茶的景观格局，实现了林茶共生和人地共荣的理念。这种方式延续至今，不仅保留了传统的农耕文化，也成为茶业发展的一种可持续模式。

刘殿兴 5 家茶园中的一家

刘殿兴在云南景迈山古茶园

据当地人说，最早驯化栽培古茶树的是布朗族先民，他们的祖先在一场战役中遇到瘟疫，野茶树叶独特的解毒功能挽救了布朗族族群的生命，从此茶叶成了布朗族人的药品，布朗人坚信祖先的灵魂依然在茶园密林中保护着后代的子子孙孙。我在景迈山的茶园是我继福建武夷山、福建福鼎、安徽六安、贵州丹寨之后的又一家茶园。最早大别山腹地的茶园是"扶贫茶园"，现在已经脱贫，不算扶贫茶园了，应该叫作"幸福茶园。"丹寨茶园现在也是幸福茶园。我以前是做植物药生产的，所以希望把制药领域的三级检验制度带到茶行业中，我们的茶园每年接受国际机构 SGS 的285 项质量检测。努力让每一位喜欢喝茶的人能够品尝到干净、无农药的茶。

刘殿兴在茶园观察茶叶长势

有很多人问我如何种好茶？茶是高雅的，茶文化更是高雅的。但种茶是辛苦的，种有机健康的好茶，更是辛苦系数翻倍，收益也十分微薄。做茶首先要懂农业。茶叶属于经济作物种植，涉及气候、土壤、育种、灌溉、施肥、抗病虫害等，要有大量的理论和实践知识。把这些知识融会贯通，不是一件容易的事。我最近在这个茶园研制出一款带着天然荔枝果香的红茶：在茶叶种植时候，铺上一层荔枝果皮和其他有机植物发酵制作的生态肥作为天然有机肥；在茶园中的间隔种上荔枝树，让茶叶在生长过程中吸收荔枝的清香；在茶叶烘焙阶段，使用荔枝果木炭进行烘焙。如果喜欢，你就会花费很多精力在上面研究琢磨，不会去考虑太多得失。

我觉得，种茶、做茶一定要因地制宜，要根据各地的不同现实情况做产业化发展，不要追时髦潮流，一窝蜂地做同质化的产品去盲目竞争。比如某个阶段流行做民宿，事实上做旅游类民宿需要考虑当地的交通、季节性的自然灾害、专业运营成本等，盲目入局以至于服务不到位，最后赔钱的事情太多太多。而资源掌握在少数人手里，需要躬身深耕，了解当地实情，合理、规范、有效使用各类资源。

平常也遇到很多朋友问我，怎样才是标准正确的泡茶姿态。我觉得最理想的茶生活，是不受环境、规矩、品味等方面的影响，按照自己习惯的方式去泡茶、去生活。茶如隐士，酒如豪士；酒以结友，茶当静品。茶无完茶，却可以用不完美的茶泡一段完美时光；人无完人，亦要学会欣赏自己，看到自己的闪光点。不同季节，对应着不同的茶，春饮花茶，夏饮绿茶，秋饮青茶，冬饮红茶。人生的不同阶段，有不同的选择。顺其自然，会让自己更轻松。每一次品茶，要保持是第一次也是最后一次。犹如我们的人生，有且只有一次，要珍惜。若生活是一杯茶，那么成长就是喝茶，水是沸的，心是静的。在生活中，我喜欢茶也不讨厌咖啡，听古琴也欣赏小提琴，爱好不多，基本和工作相关联。我没有什么人生格言，唯有安静老实地做人，专注地做事，不活在别人的眼中。

忙碌过后，刘殿兴就喜欢待在自己的茶室，静静地喝茶

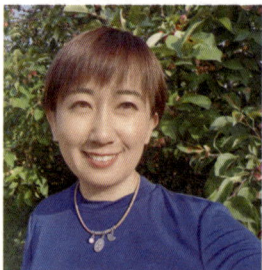

GUO NIU

郭牛

绘画在动物中生长

插画师

———

郭牛，插画师，原简书签约作者，视觉中国签约作者。先后为高等教育出版社、《十月少年文学》杂志、21世纪出版社、《中国国家地理》杂志等供稿。2021年水彩美术作品《布朗族老人》入选美国第十一届自然艺术展与美国第四届女性艺术家展，2022年水彩作品《醒狮》入选加拿大联邦画廊年度艺术展，2023年水彩美术作品《红耳鹎》入选威尼斯水彩展。参与国家地理绘本《超厉害！植物学里的中国地理》、二十一世纪出版社《三江源的扎西德勒》、二十一世纪出版社《椋鸠十动物故事》系列注音版、百花文艺出版社《熊猫男孩奇幻旅行记》、少年儿童出版社《青青橄榄树》、安徽少儿出版社《梦想乘风而来》等图书的插图绘制。

编者按

卢梭曾说："有两种表达事物的方式，一种是原始地展示它们，另一种是艺术地唤起它们。"对艺术的追求、对真理的寻觅、对生活的觉察，是我们的本能。进入 21 世纪以来，艺术叙事对生态的关注度日渐提升，中国当代艺术创作主题中有不少开始关注自然生态。艺术创作群体聚焦人类命运共同体的意识愈发自觉，艺术家们大多具有跨学科的知识背景，开始从生态学、生物学、地质学、社会学与艺术史的综合角度实践生态艺术，并积极与其他学科的专家交流与合作，通过综合的艺术创作路径，去表达对自然、人文、生活的热爱和思考。

插画师郭牛属于那种安静低调的创作者，但她的绘画世界是另一种状态：充满灵气的青蛙端坐在荷叶上，可爱的猫头鹰用萌萌的大眼睛凝视着星空，调皮的小松鼠抱着坚果在树干上蹦来蹦去，小鸟驻留在花枝上鸣唱……植物和动物世界是她的主要灵感来源，也是她许多作品的共同主题之一，她的插画作品反映了她独特的视觉风格和对自然的纯粹热爱。每一件作品都涉及广泛的研究与观察、大自然天人合一的逻辑、动物的行为活动和生物多样化。她希望能够这样的创作主题唤醒人类自省，从而关注人与环境的关系，以及人的生活本质。"对我来说，植物、动物都具'人性'，这个星球是属于大家共同的家园。我特别期待人类真正去了解动物，宏观看待自然哲学，正确表达爱，我想通过自己的绘画作品去诠释这种人文情怀，并鼓励热爱生活的人们无论在任何境遇下都要保持好奇心，不断探索，换一个视角看见世界不一样的美。"

郭牛作品《桃桃历险记》系列

GUO NIU
被采访人郭牛自述

很多朋友会问我，为什么沉迷于画这些花草植物、动物昆虫。

我想了很久，这大概是一种天性。它们就像精灵一样陪着我从小成长至今，与我一起经历快乐、失落、坚强、勇敢、蜕变，一步步让自己体验更多的境遇与情愫。每当我在画画的时候，我的专注力全部在叶子、花朵、动物的眼睛，在线条、斑斓的色彩之中。内心自由驰骋于大自然与这些可爱的动物们之间的感觉非常美妙。

郭牛作品《桃桃历险记》系列

植物森林 动物世界｜浪漫的自然绮梦

夏天，花丛中飞舞着金色的蜜蜂和白色、黄色的粉蝶。野花野草间，小蚂蚁排着队，还有会蹦的小蜘蛛、翠绿的蚂蚱、带着镰刀的螳螂，墙角阴凉的地方还可以看到蛐蛐，夜晚星星点点的会出现萤火虫。

很多绘画的灵感，来自我童年美好的生活记忆。

我从小生长在奶奶家，奶奶的家在一个院子里，那时院子里有很多树木与花草，郁郁葱葱，像是一个童话世界。小时候最喜欢的事情就是和小伙伴一起在树林里捉迷藏，过家家，抓昆虫……春天杏花、梨花、海棠花开了，花团锦簇，风一吹，粉色的花瓣伴着花香就飘下来。夏天，花丛中飞舞着金色的蜜蜂和白色、黄色的粉蝶。野花野草间，小蚂蚁排着队，还有会蹦的小蜘蛛、翠绿的蚂蚱、带着镰刀的螳螂，墙角阴凉的地方还可以看到蛐蛐，夜晚星星点点的会出现萤火虫。院子里还有地黄花、串儿红，这些都可以摘下来吃花蜜。说到吃，还会想起那时槐花馅儿的饺子、荠菜的饺子、各种凉拌的小野菜……院子里还有一棵桑树，桑葚熟了的时候小伙伴就爬到树上去摘，满载而归的我们会一边往家走，一边从小口袋里往外掏着"战利品"来吃。到了秋天，柿子和枣都熟了，大家拿着竹竿去挑柿子、打枣，不亦乐乎。对了，那时候奶奶家还养过鸡。我最喜欢的事情之一就是去鸡窝里掏鸡蛋，捧在手心里的鸡蛋还留有母鸡身上的热度。那时有趣的事情特别多，我想童年的记忆总是最深刻的，我对大自然的热爱大概也是来源于那个时期。

郭牛作品《桃桃历险记》系列

我出国学习的城市是温哥华，城市不太大，走路去哪里都很方便。那里环境很好，我住的地方向北走几百米可以到斯坦利公园，这片公园里的原始森林保护得很好，有许多浣熊、松鼠、山雀、天鹅、大雁，以及水獭。对了，还有臭鼬。在公园里你还可以看到水獭建的大坝，不过水獭的身影是最神秘的，很难见到。

我接触了很多小动物，而且亲自去喂它们食物，它们很喜欢亲近人，尤其是松鼠和山雀。我曾经试过在森林里将面包撕成小块举过头顶，这时山雀就会扑棱一下飞到你的手上，然后把面包衔走。松鼠也会晃着大尾巴，一跳一跳地奔到你面前来讨吃的，特别可爱。

郭牛作品《桃桃历险记》系列

自然是一面镜子 | 画出一颗快乐的心

**我喜欢长期处于绘画练习状态，在练习中，我感受到
每一根线条都带上了翅膀，可以自由地挥舞，带领我
走进一个更广阔的艺术空间。**

教育学家曾说，幸福的童年能够治愈一生，不幸福的童年要用一生去治愈。
童年和海外求学的这两段人生时光，都给我留下了美好的回忆和沉淀。这
也是促使我画出桃桃（文章开篇几幅作品的小女孩）这个角色和她的故事
的原因。我想在她的故事里体现一个孩童和花草树木的连接，和昆虫、小
动物们的连接，从绘画的视角来探索人和大自然的关系，也希望每个小朋
友的童年都可以在大自然中玩耍，快乐地成长。

我喜欢长期处于绘画练习状态，在练习中，我感受到每一根线条都带上了
翅膀，可以自由地挥舞，带领我走进一个更广阔的艺术空间。在绘画的世
界，人的思维也是在慢慢进步的，我感觉最理想的状态应该是未来的自己，
每个明天都值得期待。

郭牛作品《万物生》系列

在我看来，人与自然的亲密无间是天性。这可以追溯到农耕时代，是大地给予我们在这个世界赖以生存的条件，自然也是我们创造一切的物质与灵感来源，我们要对它感恩和心存敬畏。对自然要有一颗原始本真的初心。"草，在结它的种子；风，在摇它的叶子；我们俩站着不说话。"在顾城的诗里，大自然的陪伴就是这样沉默、简单而美好。用纯净之心去创造、去发现、去感悟，你便拥有了属于自己的生命礼物。

因此我创作了一些有关自然的儿童读物绘本，在普及动植物知识的同时，让家长和小朋友们从小能够与自然保持连接，希望自然界中这些美丽的植物动物能让更多孩子找到自己的根和灵，拥有一个绿色、健康的童年记忆。

我也受邀参加了美术馆一些有关儿童、自然、公益的画展，通过线下活动让家长和孩子一起去发现探索植物世界中的奥妙、动物们的生活习性，让孩子们找到童年应有的乐趣和童真。

为了能够沉浸式体验这些动物的灵性，应不少粉丝的要求，我把这些画作印在盘子和杯子上，使其具有实用性的同时，让艺术之美也能够走进生活。

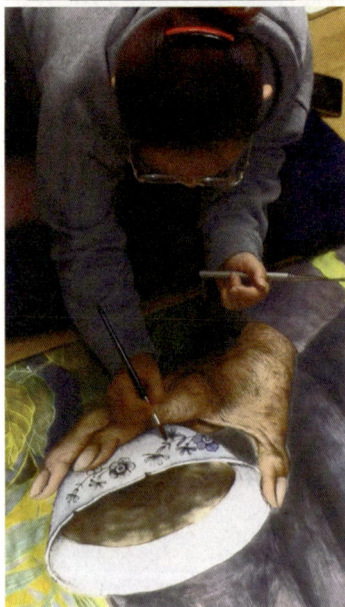

郭牛正在创作《布朗族老人》

郭牛花鸟作品

旅行 | 探索生活无限可能

通过旅行，我觉得真正的快乐和满足，从来都不是来自物质世界的追求，而是来自内心的平静和满足，在旅途中，能明白生活的真谛，与世界和解，学会与自己相处。

在这个快节奏的时代，旅行如同一股清泉，缓缓流入我们繁忙的生活，给予我们宁静与启迪。它不仅仅是地理上的迁移，更是一次心灵的远征，让我们在陌生的风景中找寻自我，理解世界，最终抵达灵魂的深处。除了绘画，我喜欢在旅行中来放松自己，吸收新的创作灵感。旅途中，最令人难忘的莫过于那些不期而遇的风景与人。山川湖海，各有其独特的风貌与韵味，它们静静地诉说着千万年的沧桑变迁。不同的民族文化、不同的艺术风格都会给人带来精神的冲击与新的灵感。如摩洛哥的舍夫沙万、俄罗斯的圣彼得堡、捷克的布拉格、意大利的罗马、中国的西藏和新疆，每个地方都有与众不同的美。

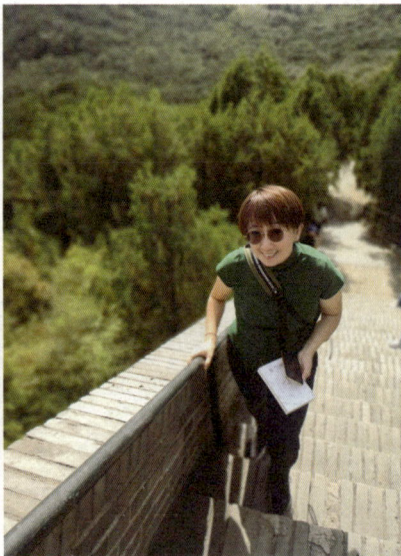

郭牛在旅行中体验不同的地域文化

张嘉佳在《从你的全世界路过》中写道:"美食和风景的意义,不是逃避,不是躲藏,不是获取,不是记录,而是在想象之外的环境里,去改变自己的世界观,从此慢慢改变心中真正觉得重要的东西。"而旅行中遇见的每一个人,无论是热情好客的民宿主人,还是街头巷尾偶遇的陌生人,他们的笑容、他们的故事,都如同温暖的灯火,照亮了我们内心的某个角落。这些风景与人文的交织,让旅行不仅仅是一场视觉的盛宴,更是一次心灵的洗礼。通过旅行,我觉得真正的快乐和满足,从来都不是来自物质世界的追求,而是来自内心的平静和满足,在旅途中,明白生活的真谛,与世界和解,学会与自己相处。

创作之余,我也喜欢关注绘画前辈们的作品,比如知名博物画家曾孝濂先生、宫廷团扇的非遗代表性传承人梁季兰女士以及国外的插画师 Bobby Chiu 的作品。他们虽然来自不同的领域,但他们的画作都给我留下了深刻的印象。

绘画之于我,是纯粹的热爱,就像呼吸一样不可缺少,也是我的一种生活方式。我想我会一直画下去。

郭牛在旅行中体验不同的地域文化

ZHU LIN

朱林

美 就是做自己

服装品牌主理人

———

朱林，山东淄博人，服装品牌主理人，时尚买手，淄博华侨城欢乐山川业主。从小热爱时尚，大学毕业后开始从事服装行业，从几十平方米门店做到1000平方米的集合店。她注重面料选择、剪裁工艺以及细节处理，力求使每一件作品像艺术品一样有品质、有颜值又具有灵魂。她关注艺术、电影、文化、设计等多个领域，并从中汲取灵感，为时尚注入新的活力。她还经常参加国际时装周、设计展览等活动，与国际时尚潮流保持紧密连接。

编者按

女性的一生在多种身份和角色间不停切换，她们以独有的光芒，照亮了世界的每一个角落。在这个快速变化的时代里，"美是生产力"不再仅仅是一句空洞的口号，而是成为当代女性自我实现与价值展现的生动注脚。她们以自信的姿态，在"做自己"的旅途中，巧妙地编织着不同角色和场景中的和谐乐章，展现出独属自己的力量和美。

朱林每一次都用心倾听朋友对时尚的诉求，以便更了解每一个人的风格定位

服装品牌主理人朱林，从大学毕业到现在，一直深耕自己热爱的服装事业，在"做自己"的道路上勇往直前。她这样表达美："蒋勋先生曾说美就是回来做自己。我深以为然。在大自然里每一朵花都在做自己，那我们为什么不能够做自己呢。想要做到无可取代，肯定就要与众不同，但两者并不冲突。所以我对美和时尚的定义就是先回来做自己，让外在光彩与内心力量的完美结合，成为独一无二的自己。"

任何一条通过理想的路都是崎岖的。在朱林的人生道路上，无论事业还是家庭，她曾经历过多次至暗时刻。"这么多年，大大小小的问题层出不穷，所以也记不得到底哪一次算是最大的挑战了。但是我觉得人永远要让自己有解决问题的能力。你不能解决问题，你就会成为问题。"朱林觉得人生是个需要修炼的过程，注定不能一帆风顺。只有把心胸格局打开，同时让自己有解决问题的能力，让内核强大而稳定，活得才舒服。

在快节奏的都市生活中，女性搭配服饰不仅追求视觉上的美感，更在无声中传达着她们的自我态度与价值观。她们不再拘泥于传统的性别框架，而是敢于尝试多样化的风格。时尚对她们而言是自我表达的重要方式。"时尚是一个多元化和包容性的领域。它不仅仅是为了追求美丽，还可以通过时尚来表达自己的文化和身份认同。时尚可以让我们更好地了解不同文化和地区的风俗习惯和审美观念，帮助我们更好地融入社会和世界。总之，时尚是一场对美的追寻，能激发我们的创造力和想象力，帮助我们更好地了解自己和世界。"

在朱林看来，没有真正意义上的平衡，也没有绝对完美的方案和结局。所以，不论家庭还是事业，尽最大努力争取做好，这就是平衡，但一定要遵循自己的内心。"家，于我而言，是心灵的港湾，也是自我成长与探索的起点。家，不再仅仅是四面墙围合的空间，而是充满了爱与关怀的温暖之地。我对服装行业的坚守，更多也依赖于家人给我的支持和陪伴。我们相互鼓励，彼此支持，终身学习，共同成长。"

如今，朱林通过自己的努力，把父母和弟弟妹妹接到淄博一起生活，并且给父母购买了舒适的房子，与弟弟妹妹共同创立了新的服装品牌。"因为家人，我开始喜欢上了这座城市的每一个角落。那些曾经觉得陌生的街道，因为和他们一起走过，而变得充满故事。那些曾经觉得无趣的景点，因为和他们一起看过，而变得意义非凡。某种程度上，一个地方对我们的意义，真的是由我们在那里认识的人定义的。他们让这座城市有了温度，有了色彩，有了我们独一无二的回忆。所以，在这里生活是我一定会做的选择。"

朱林用自己的故事告诉我们：美，不仅仅是外在的修饰，更是内心的丰盈与强大；做自己，是生命最绚烂的绽放；做自己，更是选择自己的喜欢的生活方式，让家的意义无限延伸。在忙碌中找到奔走的趣味，在挑战中看到机遇，用一颗平和而坚定的心，书写着属于自己的精彩人生。

被采访人朱林自述

越过山丘｜遇到最美的风景

虽然我们都很平凡，但每一天，我们都在谱写属于我们自己的英雄之旅。

所有伟大的事，都并非源于心血来潮，而在于跬步之积。灵感并不是等来的灵光乍现，而是源于忘我的不懈工作。今年是我耕耘在服装行业的第 17 年了，一路走来，我最大的感受就是，热爱和坚持的力量绝对是无穷大的。

把这份事业坚持下去，是因为我对于这份事业是真的热爱。在工作的过程中我能感受到充满热情的、发光的自己。这份事业中，我收获的也远远不止是金钱，更多的是"被认可"给我带来的喜悦。我的梦想就是用自己的视角表述和传递美的意义，能给女性朋友们带去浪漫、轻松、自在，成为每个人心底的一股柔韧的力量，为复杂的生活和多变的人生带来灵感和活力。

朱林以热爱、自信奔走在自己的时尚之路

我大学刚毕业时毫无经验，靠着自己摸爬滚打，从选品、陈列，销售都是自己一手操办，从中交的"学费"和吃的苦只有自己知道，我曾经历过迷茫无助，甚至在这期间经历了我人生中的至暗时刻。但就是因为喜欢，最终我坚持了下来。我开始不断提升自身，不断学习，设立一种适合自己经营方式，慢慢地开始有了一批又一批稳定的顾客。刚开始创业的那些年，很多同街的店铺都关门了，我还在接待客人，这就是坚持的意义，以往吃过的亏都会变成经验，指引我向正确的方向走。慢慢地，我似乎越走越顺，而最令我骄傲的是和很多客人都处成了朋友，我觉得这是上天额外赠送给我的礼物。到现在我又扩店，有了属于自己的设计和品牌。虽然我们都很平凡，但每一天，我们都在谱写属于我们自己的英雄之旅。"路虽远行则将至，事虽难做则必成。"

朱林新门店的设计细节和风格

问题是成长的阶梯。经历这么多，面对任何人或事，我觉得永远都不要把自己当成承受者，去被动接受事情的发生，而是需要用一种主动的心态去迎接问题和挑战，告诉自己，这是我主动选择的，我不会逃避。正如斯科特·派克所说："问题可以开启我们的智慧，激发我们的勇气。为解决问题而努力，我们的思想和心灵就会不断成长，心智就会不断成熟。"现在，我们的新门店正在重装升级，并且用了我和弟弟妹妹名字来命名，LINQIYU（林琪宇）就是我们三个——朱林、朱晓琪和朱彦宇。对我们来说这不仅仅是升级店面，而是一个跨越式的发展，我们三个人拥有了一个属于自己的、凝聚着我们想法心血和品牌灵魂的时尚空间，也终于有了属于我们自己的原创品牌。这一点真的会让我深深感悟到：用纯净之心去创造、去发现、去感悟，你便拥有了属于自己的礼物。

"她"是宏大叙事下的枪与玫瑰 | "她"是崭新世界里的一切可能

"美，不仅是一种外在的展现，更是内在力量与智慧的流露，是家庭与事业间游刃有余的平衡艺术。"

谈及女性，那就要谈及美。谈及美，我们往往首先想到的是外在的容颜与身姿，但在当代女性的世界里，美更多的是一种由内而外散发的气质与光芒。它源于对生活的热爱、对知识的渴望，以及对自我价值的深刻认知。美不仅是一种外在的展现，更是内在力量与智慧的流露，是家庭与事业间游刃有余的平衡艺术。女性们通过阅读、旅行、学习新技能，不断丰富自己的内心世界，让灵魂得以滋养，从而在举手投足间流露出不可言喻的魅力。这种美，超越了时间的限制，成为一种永恒的力量，激励着她们在各个领域发光发热。所以我对美和时尚的定义就是先回来做自己，成为独一无二的自己。我也始终坚信，每件衣服都有它自己的主人，缘分到了，就能够很快识别出彼此。就像一个品牌，没有自己专属的风格，就永远无法真正建立起他人不可取代的地位。时尚是一种自信的表达，也是一种跟自己和解的表达。属于自己的风格之美也算是一个人的财富，它不会因为你的学历不同，而是因为你这个人的一部分独特性而不同。

朱林对黑色的穿搭进行了不同风格的演绎

我们品牌的新媒体社交账号专门为女性朋友开设了一个女性故事访谈专栏，每一期文章的结尾，都有这么一段话，也是我内心对所有女性朋友想说的话："她"是宏大叙事下的枪与玫瑰，"她"是崭新世界里的一切可能，"她"是不被定义的你。那么，美是理性的感性显现，美是生命力，美是服装与人达到和谐。所以，我认为女性的穿衣搭配能力也是一种生产力。我前面也说了，做自己，就是最好的。对于着装方面，每位女性的发光点都是不同的，就像每套服饰的搭配也各不相同，皮囊不一定要完美，但穿搭一定要到位。我常常说，穿搭就是生活态度，所以在穿搭中加

日常工作状态中的朱林

入一点态度，更能倾听内心，为自己着迷。

我一直主张传递女性力量，女性力量来自自我认同和独立。每个人都是独特的，就像不同的花朵一样，各自绽放，接受自己的不完美，相信自己的价值。不再被外界的眼光所定义，不再为取悦他人而活，而是选择倾听内心的声音，勇敢地追求自己的梦想与热爱。要努力到有足够的自信，相信自己无论在哪个领域都能发出自己的光和热，相信自己值得一切美好，相信热爱的力量。

朱林服装品牌新媒体账号的每一期专题故事都无不体现出她对于这份事业的情怀和热爱

不被定义的生活 | 是爱自己的开始

我觉得理想的山居生活，其实不必远行。在家也可以拥有理想的山居状态。找一个静谧的角落，种几株绿植，养几盆花，点上喜欢的香，煮一壶爱喝的茶，放下手机，放空自己。此刻，即是理想的山居生活。

家的意义对于当代女性而言，是极其丰富和多维的，它不仅是一个物理空间，更是情感、精神和灵魂的栖息地。我大学毕业后来到淄博这座城市工作生活，这里有太多的回忆和感动。

淄博这座城市历史悠久，更是一座有温度的城市。矫情一点来说，城市的温度，由你遇见的人定义。每座城市都有它独特的韵味，但对我来说，那些韵味更多的是由我在这里遇到的人组成的。最初，一切都是陌生的。后

朱林与爸爸妈妈、弟弟妹妹的合影

来，我有能力把退休的爸爸妈妈接到自己身边，弟弟妹妹也来到淄博跟我一起创业，成为我的左膀右臂。在淄博，我还遇到了那些和我一起笑过、哭过、奋斗过的伙伴们。遇到了我的爱人，我们有了家庭，有了孩子。因为我，我们一大家人定居在了淄博这个城市，一起生活、一起奋斗努力、一起鼓励温暖彼此，可以说是安居乐业了。他们的笑声、他们的热情、他们的坚持，都留在了这座城市的每一个角落。

都市中，越来越多的人开始渴望回归自然，山野生活成为大家心中的一片净土。我觉得理想的山居生活，其实不必远行，在家也可以拥有理想的山居状态。找一个静谧的角落，种几株绿植，养几盆花，点上喜欢的香，煮一壶爱喝的茶，放下手机，放空自己。此刻，即是理想的山居生活。所以我在城市与山野的交会处为父母添置了一处"世外桃源。"周末休息，我与父母在山野间漫步，呼吸清新空气，听到鸟鸣虫唱，与大自然亲密接触，体验生命最原始、最纯粹的美好。这是我作为一个女儿内心对父母最原始的爱，希望他们晚年享受繁华都市的便利，也能拥有真正属于自己的宁静。

其实我最大的爱好就是工作，要说除了工作之外，那就是独处、看书和旅行。在刚刚创业的那些年里，我是静不下心来去看书学习的，脑子里想法总是很多，但是又罗列得太满，表达不出来。后来，我意识到要读书，在任何时候都要坚持读书，包括后来我参加了商会朋友们自发建立的阅读分享会，让自己每天都坚持打卡阅读；包括现在我都自己去字斟句酌地写我们公众号专栏的文章。

我觉得一本书读完可能很快就忘干净了，好比竹篮打水，是一场空，但是竹篮经过一次次水的洗礼，会一次比一次干净。旅行和读书都是我去看世界的不同路径。清醒时做事，糊涂时去旅行，这两件事无论是驱赶迷茫，还是对抗平庸，我觉得这都是最简单、实用的方法。

这么多年一路走来，我最大的感受是：不被定义，不顺从，去繁化简，有温度，最重要的就是不管从自身还是到生活中的每件事，我们都要有自信，从内而外的自信。还要有韧性，要有向上攀登和向下扎根的韧性。

一个女人的韧性，就是她最美的姿态，是无声的力量、勇敢，是无畏的心态。

阳台是朱林与家人创造欢乐的地方

朱林在欢乐山川的家中

源点生活家

人文 艺术 设计 生活

YUAN DIAN SHENG HUO JIA

源点生活家

山居空地的哲思生活

自媒体

“人是自然的仆役和解释者。”山，自古以来便是文人墨客隐居、寻求灵感的圣地。林中路，顾名思义，是指山林中的道路。这些道路往往蜿蜒曲折，穿过茂密的林木，连接着山林中的各个角落。林中路，作为连接山林内外的通道，不仅是人们行走的必经之路，更是探索与发现的象征之路。山林哲学是一种融合了自然、文化、精神追求与生活方式的哲学思考，它体现了人类对自然环境的尊重、向往以及与自然和谐共生的理念。

我们从出生到死亡，如同徜徉在广阔的山林之中，有时会走向笔直的路，有时会走在弯曲的路上，有时会面临十字路口。人在此林中，风景各不同。我们的角色可能是"护林人"，也可能是"伐木工"，还可能是"探险者"等，无论哪种角色，都是这片山林的匆匆过客。只要行走在这片"幻影之林""观念之林"，人生之途即在林中路上，不得不开启生活本源之思或者追问。任凭城市喧嚣，道路却始终沉默不语。只管纵横交错地承载着每一种人生，每一段等待注解的未来……

淄博九顶山

淄博九顶山

庄子与海德格尔｜山居生活的哲学辉映

谈起大自然与山居生活，我们将视角转向古代哲学家庄子与现代德国哲学家海德格尔。跨越时空的他们，一位在东方的山林间逍遥游，一位在西方的林中小径上沉思，都不约而同地将山居视为理解生命、探索真理的重要途径。他们的思想如同两股清泉，在山间潺潺流淌，交汇出一曲关于自然、自由、存在本质、生活意义的哲学交响。我们不难发现，山居正是二者哲学思想在现实生活中的一种生动体现，它引领我们思考并重新定义生活的意义。

庄子，这位道家哲学的代表人物，以"逍遥游"为核心思想，倡导超脱世俗束缚，追求精神自由。在他的笔下，山居生活是一种回归自然、天人合

淄博九顶山

一的生活方式。庄子认为，人应当像山间的飞鸟、林中的走兽一样，不受任何外在力量的限制，自由自在地生活。他通过寓言故事，如"北冥有鱼，其名为鲲""庄周梦蝶"，揭示了人与万物相通、相融的哲学境界，倡导人们在山居自然中，放下名利之心，以"心斋""坐忘"的方式，达到心灵的纯净与自由。

相比之下，海德格尔作为存在主义哲学的奠基人，其山居生活则更多地体现在对存在本质的深刻反思上。在海德格尔看来，现代社会的喧嚣与忙碌使人遗忘了真正的存在，而山居则提供了一种远离尘嚣、直面自我的契机。他在《存在与时间》中提出的"此在（Dasein）"概念，强调人作为存在者，应当通过"去蔽"（Unverhülltheit）的方式，揭示存在的真理。山居生活对于海德格尔而言，就是一场不断"去蔽"的旅程，他在林中漫步、静坐冥想，试图通过与自然界的亲密接触，找回人类失落的本真与自由。

尽管庄子与海德格尔的山居生活各有侧重，但两者在追求自然、自由与存在的深刻理解上却产生了奇妙的共鸣。他们都认为，山居是连接人与自然、个体与宇宙的桥梁，是探索生命真谛、实现精神自由的理想场所。在这里，人们可以摆脱世俗的束缚，聆听内心的声音，感受宇宙的脉动，从而达到一种超越物质世界的精神自由与和谐。

在当今这个快节奏、高压力的社会中，庄子与海德格尔的山居生活哲学为我们提供了一剂心灵的良药。它提醒我们，在忙碌与喧嚣之外，还有一片宁静而广阔的天地等待我们去探索、去体验。同时山居生活对当代都市人的影响和意义是多方面的，它不仅仅是一种生活方式的选择，更是远离生活之外的精神家园与自我探索的旅程。

逍遥于山林 | 自然美学与回归本真

古人云："春见山容，夏见山气，秋见山情，冬见山骨。"中国人的山居情节，根植于千百年的文化浸养。谢灵运的诗、张大千的画、柳宗元的山水游记，都以山为灵感之源。在国人的思想意境中，山是宏伟的，它包容自然万象；山是坚毅的，足以厚德载物；山是清淡的，从不与世争名。汉魏六朝时，隐居成为一时风尚，隐士之数为历代之冠。被称为"千古隐逸诗人"的陶渊明，在《饮酒》中写道："结庐在人境，而无车马喧。问君何能尔？心远地自偏。采菊东篱下，悠然见南山。山气日夕佳，飞鸟相与还。此中有真意，欲辨已忘言。"这首诗超凡脱俗，自道其乐，充满了对隐居生活的赞美之情。唐朝著名诗人、画家王维将自己隐于山水之中："人闲桂花落，夜静春山空。""明月松间照，清泉石上流。"通过桂花、春山、明月、清泉等自然元素，将自我消融于万事万物之中，以自然之眼观察自然，折射出静谧而幽深的内心。这些诗词不仅展现了一种追求自由、内心平和的生活态度，还体现了古代文人对自然的崇敬，也蕴含了深刻的哲学思考和人生智慧。这种生活态度影响了后世的文人墨客，也为现代人提供了宝贵的精神财富。

远眺淄博玉皇山

在山居生活中，古人往往通过种植、狩猎、采集等方式实现自给自足。他们利用山林中的资源，如松树的松子、松节、松脂等，制作食物、酒类和香料，展现了与自然和谐共生的智慧。如今，从我们踏入深山的那一刻起，仿佛整个世界都慢了下来。清晨，第一缕阳光穿透薄雾，轻轻拂过脸颊，唤醒了沉睡的山林与梦中的自己。没有了汽车的轰鸣，人群的嘈杂，只有鸟鸣虫唱，风过林梢的细语，蛐蛐声、蝉鸣声、露珠滴落声……自然万物的交响乐，成了最明快的晨曲。草木花香、泥土清香和满眼的绿色，使心灵得到了前所未有的宁静与洗涤，如一场遗世独立的清修，仿佛所有的

烦恼与忧愁都随着昨夜的乌云一同消散。在山中，观察到四季更迭、草木荣枯的自然现象，感受到大自然的鬼斧神工和细微生命的奇妙。教育学家曾认为，对自然的亲身临其境体验有助于提升人们的自然审美能力和生态意识，让大家更加珍惜和保护当下的生态环境。

饱览四季景致，将静谧与自然还给生活，成全了心中的诗意，又何必远方。远处山峦的起伏连绵，家的四周绿树成荫，湖水的波光粼粼、草地、花丛、廊柱、喷泉，创造出层次丰富、质感分明的自然景观，为人带来无尽的视觉和精神享受。山居生

327

活往往伴随着一种有品质的简朴、有节制的丰盛的生活态度，人们开始重新审视自己的需求，学会了"少即是多"的哲学。一箪食，一瓢饮，在简单中品味生活的甘甜。亲手种植蔬菜，采摘果实，每一口食物都承载着自然的馈赠与劳动的汗水，让人更加珍惜这份来之不易的满足。在这样的生活中，人们逐渐找回了与自然的连接，体会到了生活的本真与纯粹。

深度思考"生活在别处"

山居的宁静，构筑了深度思考的理想空间。没有了外界的干扰，人们有更多的时间与自己对话，思考生命的意义、存在的真谛以及未来的方向。或许是在山间漫步时的一次灵光一闪，或许是在夜晚仰望星空时的无尽遐想，这些看似平凡的瞬间，往往能激发出对生活最深刻的洞见。在山居的日日夜夜，都是对生命奥妙的深刻挖掘，能让人在平凡中发现不凡，在简约中领悟繁复哲理。

电影《在西伯利亚森林中》根据法国探险家西尔万·泰松的小说改编而成。影片的主人公是一位叫特迪（Teddy）的年轻小伙，他本是一位大都市里的上班族，有着优渥稳定的生活。但日子一天天过去，他越来越无法忍受繁华都市里精神无处安放的焦躁和迷茫。终于有一天，他萌生了逃离的想法："我离开是因为生活像勒紧的衬衣领，让我感到窒息。我离开是因为尘世的喧嚣淹没了我，时间的紧迫让我感到茫然。我渴望缓慢、简单，而又奇特的生活。"

特迪在贝加尔湖边买了一栋小木屋，最近的村庄在120公里外，没有邻居。他度过了6个月隐居生活，在这里实现了一种朴素的慢生活：砍柴、做饭、钓鱼、阅读、写作。一天夜里，他在暴风雪中迷失了方向，被在西伯利亚森林中躲藏多年的俄罗斯逃亡者阿列克谢所救。在这两个截然不同的人之间，一段友谊突如其来却真实地诞生了。二人在一起度过了一段愉快的隐居生活之后，开始直面内心：这种离群索居的生活是热爱还是对现实的逃避？此时的他或许才明白真正的自由永远不是表面上的逃离与自我放逐，而是内心的安宁和丰盈。在这个充满喧嚣和压力的现代社会，或许都需要一段时间，去体验一下"生活在别处"的可能性。就像特迪最终带着内心的平静和力量，再次回到现实生活。这部电影，以真实的山居实验，让我们感受到：山居生活不仅是地理位置的选择，更是一种心灵的迁徙，对生活本质的深度追问。

山居生活还承载着厚重的文化底蕴与历史的悠远回响。通过参与山林间的文化活动、学习传统手工艺等，居民们能够深切体验并理解传统文化的精粹和历史的深邃。这一过程不仅强化了文化自信，更引领着他们重塑积极向上的价值观与人生观。在山居生活中，社区与文化的融合也是不可忽视的一部分。居住者们通过共同参与、互助合作等方式增进彼此之间的了解和信任，形成了紧密而和谐的邻里关系。同时，他们还将自己的文化传统和习俗带入山居生活之中，与自然环境相融合，形成了独具特色的山居文化。

诗意栖居 | 探索的生命实相

胡适先生曾写过一副对联："随遇而安因树为屋，会心不远开门见山。"文化塑造着人们的精神世界，反过来，人们又延续、创造着文化。在中国传统文化熏陶下长大的人，大抵都有一个隐居梦。当物质财富不断积累，精神更要丰盛与自由生长。山居生活，作为一种对诗意栖居进行探索的方式，融合了自然、文化与精神追求，展现了人们对生活的独特理解和反思。

建筑设计师朱锫设计的欢乐山川公共艺术中心

房子不应该被建造在山上，而应该成为山的一部分。时代更迭，但国人那颗与自然、与万物、与生活相印的心从未改变。在无数文人墨客履迹的山东淄博，它的主城区是原生态的山水资源，九顶山、花山、黑铁山、牧龙山、四宝山、玉皇山、柳毅山、青龙山、隽山九山构成绿色生态长廊，凤凰湖一水串行，构成不可多得的天然氧吧与山川圣地。在此天然屏障中应运而生的欢乐山川，打造了理想的山居生活栖所，迎接国人山居精神的回归。项目特别邀请国内著名建筑设计师朱锫设计的艺术中心，充分融合了自然与人文的元素。其选址和设计，不仅保证了自然环境的优美，同时也将千年的齐国文脉与现代的人文精神融会贯通。其中朱锫在艺术中心设计建设的"天空之石"，镶嵌的石材取自淄博博山西厢村，每一块石头上都刻了编号，这些建筑或许是别人眼中的"网红建筑"，却是这里居住者生活构成的一部分。

建筑设计师朱锫设计的欢乐山川公共艺术中心

在淄博欢乐山川高层，自然景观与书房的连接可带来更多创作灵感

在淄博欢乐山川叠拼高楼一角可以与远山对望

在淄博欢乐山川合院一角，足不出户即与自然融为一体

伴山而居，与山共生。我们看到欢乐山川在规划布局和设计中，秉承天人合一、与自然共生的建筑理念和返璞归真、宁静致远的生活态度，关注人与自然、人与建筑、人与人三者之间的关系。每一栋别墅都如同一首流动的诗篇，将居住与山川、自然和谐相融，入世与出世仅一湖之隔，构筑了一个理想中"瓦尔登湖。"山野四季的生态变化为居住者画出美轮美奂的生活图景，为都市人将山水引入家门，让居住者回归生活本质，提供了一种"无山不脉，向山而兴"的中国居住哲学探讨。

"我并没有去访问哪个学者，我访问了一棵棵树，访问了在附近一带稀有的林木，它们或远远地矗立在牧场的中央，或长在森林、沼泽的深处，或在小山的顶上……人生如果达到了某种境界，自然会认为无论什么地方都可以安身。"梭罗在《瓦尔登湖》中表述了他的山居生活状态。山居不仅是一种生活方式的选择，更是一场关于生命本源深刻探索的旅程。在这片静谧之中，我们学会了倾听自然的声音，感受时间的缓缓流淌，从而重新定义何为生活的真谛。在林中空地，我们开始学会向内行走，从而开始对宇宙、人生及存在本质的探究。在不断的自省自察中，我们逐渐认识到生命的短暂与珍贵，会更加珍惜当下。

罗伯特·弗罗斯特《林中路》的诗篇写道："也许多少年后在某个地方，我将轻声叹息把往事回顾，一片树林里分出两条路，而我选了人迹更少的一条，从此决定了我一生的道路。"希望每个人在山居中找到属于自己的"林中空地"，充满劳绩，诗意栖息。

淄博欢乐山川合院室内绿植营造山水写意，让空间更具诗意